大学生信息素养能力与教育研究

黄钰新◎著

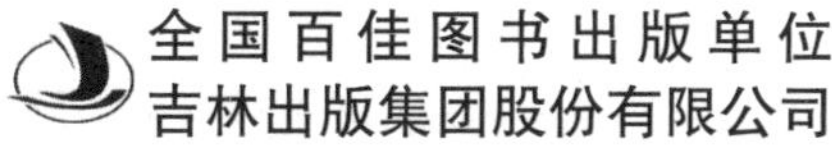
全国百佳图书出版单位
吉林出版集团股份有限公司

图书在版编目（CIP）数据

大学生信息素养能力与教育研究/黄钰新著. --长春: 吉林出版集团股份有限公司, 2022.10
ISBN 978-7-5731-2652-8

Ⅰ.①大… Ⅱ.①黄… Ⅲ.①大学生－信息素养－信息教育－研究Ⅳ.①G254.97

中国版本图书馆CIP数据核字(2022)第193499号

DAXUESHENG XINXI SUYANG NENGLI YU JIAOYU YANJIU

大学生信息素养能力与教育研究

著　　者：黄钰新
责任编辑：许　宁
封面设计：冯冯翼
开　　本：787mm×1092mm　1/16
字　　数：210千字
印　　张：12.5
版　　次：2022年10月第1版
印　　次：2022年10月第1次印刷

出　　版：吉林出版集团股份有限公司
发　　行：吉林出版集团外语教育有限公司
地　　址：长春市福祉大路5788号龙腾国际大厦B座7层
电　　话：总编办：0431-81629929
印　　刷：涿州汇美亿浓印刷有限公司

ISBN 978-7-5731-2652-8　　定　　价：75.00元

举报电话：0431-81629929

前　言

随着我国信息化建设进程的加快，新时期提高大学生信息素养、强化终身学习能力是高等教育的内在要求，是大学生走出校园适应社会发展需要的必备素质。信息化是指在现代信息技术广泛普及和应用的基础上，人类社会的各个领域发生深刻的、全面的变革，通过信息资源的有效开发和科学利用，使人类进入一个全新的、具有更高的物质文明和精神文明的历史阶段的过程。当今社会，互联网技术的发展带来的教育教学的变革、高校适应信息化的变革，都需要转变教育教学方式，更新教育教学理念，特别需要进一步加强学生的信息素养教育，培养信息意识，提高学生信息转化能力。

信息在互联网高速发展的今天，已经逐渐成为一种资源，在推动社会发展中起着至关重要的作用。信息技术快速发展，社会竞争日益激烈，传统的知识型培养方式培养出来的高校学生已经不能完全满足社会的发展需要。社会对高校学生提出了更高的要求，不仅需要掌握一定的科学文化知识、系统的专业知识、较强的认识和实践能力，还需要具备通过网络获取和运用信息、创造信息的能力，适应未来发展需要。

计算机技术的不断突破，互联网技术的快速发展，数据被海量信息淹没，这对用户的信息判断能力提出了新的要求。随着自媒体技术的发展，高校学生每天可以通过自媒体接收到自己需要的信息，也会接收到大量无用甚至是有害的信息，客观上需要学生具有判断信息有效性的能力。各种新媒体的应用，如微博、微信、QQ各类社交平台软件，每天都有大量的信息发布，作为高校学生，每天会自觉和不自觉地接收到各类软件和平台推送的各类信息，想要从这些大量的信息中筛选出需要的信息为自己所用，迫切需要提高高校学生的信息筛查能力。

本书从大学生信息素养理论基础出发，对信息价值与安全和信息检索基础以及文献信息检索的基础知识分别进行阐述，然后对大学生信息素养教育、大数据时代图书馆信息素养教育进行分析，最后对新媒体环境下大学生信息素养提升进行阐述，可为大学信息素养教学的工作人员提供参考。

在本书的撰写过程中，参阅、借鉴和引用了国内外许多同行的观点和成果。各位同仁的研究奠定了本书的学术基础，对大学生信息素养能力与教育研究的展开提供了理论基础，在此一并感谢。另外，受水平和时间所限，书中难免有疏漏和不当之处，敬请读者批评指正。

目　录

第一章

大学生信息素养理论基础

第一节　信息素养的内涵

一、信息素养与终身学习

信息素养作为21世纪个人重要的能力素质，为个人终身学习、在信息社会更好地生存和发展提供了重要的基础。

信息素养是人们有效参与信息社会的一个先决条件，是终身学习的一种基本人权。具备信息素养的人，才能适应信息社会的需要，也只有接受过良好信息素质教育的人，才能在信息社会中表现出极大的潜力和创造力，在社会竞争中处于优势。

信息素养是一种信息能力，信息技术是它的一种工具。面向21世纪的大学生，应当学会如何识别所需要的信息，利用检索工具，获取有用的知识信息。信息素养已然成为大学生应当具备的一种基本素养。

信息素养是自我学习、终身学习的必备能力，也是创建学习型社会的重要条件。据不完全统计，一个人在学校接受的教育，学到的知识只占其一生所需知识的10%左右，而其余90%多的知识是在今后的工作和生活中通过不断学习而获得的。现如今，在知识爆炸的信息社会中，不断地更新知识已经成为人们终身学习的必然过程。

一个人只有不断地学习和更新知识，才能在未来的工作和生活中立于不败之地。当然，学习除了在学校接受教育外，更重要的是学会自我学习。通常情况下，具有信息素养的人能够按照自己的特定需求，寻找事实真相，寻求知识真谛，不断找寻解决问题的方法，善于钻研，勤于思考，经过评价和分析，得出自己的见解和观点，在这个过程中，一方面为自己积累了终身学习的经验和能力，同时也激发了灵感，创造了激情，在社会群体中找到自己的定位，实现人生的价值。

为培养具有信息素养的合格公民，需要改进和完善现行的教育体制，以适应信息素养能力的培养，为终身学习打下良好的基础，而学校教育正是实现终身教育的基础。我国现行的应试教育模式，带有比较明显的知识预包装的特点，极具功利色彩，唯“分数论”，特别是基础教育阶段，学校不太注重培养学生的批判性思维和解决问题的能力。学生往往从老师那里和课本上被动地接受知识，而不会用学到的知识去解决实际的困难和问题。学生往往是在预先设定好的有限的信息环境中去练习解决问题，这样的练习和现实世界的解决方式存在很大差异。现实世界的困难和问题会基于多种信息和资源解决，可以用不同的解决方案和多种解决途径。

“授人以鱼不如授人以渔”，方法比知识要重要。学习本身不应该是被动的、被分割的，而应该是积极、主动的、整合的过程。学校的行政管理者和教师也已经开始认识到预设好的知识、课本资料和测验并不能让学生建立起积极主动的、有质量的学习行为。国外高等教育中有研究显示：学生在几个月内已经忘记了50%左右的课堂学习内容，无法记忆和保留教师教授的大部分知识和信息。由于信息更新周期的迅速缩短，即使是学生记住了50%的信息，在今后的工作中有多少可以利用上，也是很难保证的。因此说，学校教育要教给学生知识，更要教会学生终身学习的能力，终身学习的能力才是受益终身的法宝，才能让学生应对任何学习过程、任何实际需求的信息查找、信息评价和使用。学习过程可以重新组织，可以基于生活中学习和解决问题可获得的信息资源来设计，帮助学生建立终身利用信息资源学习的习惯。这样的学习过程注重的是信息素养能力的培养，应该积极地纳入教育体系当中来。

21世纪是知识经济时代，是全球信息化时代，科技进步和经济发展必将越来越依赖信息技术、信息资源和信息产业的发展。如何快速有效地获取信息是当代公民必备的信息素养能力。信息素质是人们所拥有的唯一持久的竞争优势，或许是具备比竞争对手学习得更快的能力。

二、信息素养与科技创新

科技创新是一个国家和民族在国际竞争中突显优势的重要途径，也是一个国家可持续发展的基石。当前高科技产业的国际竞争战线已进一步前移，创新频率大大加快。从最终的产品竞争转为研究方向的选择与速度之争，谁能快速、全面、准确地掌握科研领域最前沿的发展动态，迅速寻找到研究空白点和开发新的领域，谁就有可能占领经济格局中的“制高点”。因此，进一步提高学术机构的科研人员、高等院校师生、管理部门人员的信息素养能力，成为当前重中之重的任务。

“科技创新”“科教兴国”战略不应该只成为一句口号，而应该成为推动社会前进的重要动力和重要因素。科技创新离不开信息，科研人员必须全面、系统、准确地掌握本领域的相关信息。但是在信息资源激增的情况下，科研人员面临庞大的信息选择难题，信息质量的不确定性和数量的膨胀对科研人员认识和评价信息，快速找到有用的信息提出了挑战。如果不具备良好的信息素养能力，即使拥有大量丰富的信息，也不一定能产生思辨能力和创新意识。

信息意识是科技人员创新必备的信息素养能力，没有信息意识，就没有科技创新。信息意识就是对信息的敏感度，在遇到问题时会想到利用信息进行判断、分析和决策。科技发展具有连续性、继承性的特点，科技创新是在总结前人研究的基础上，借鉴别人的成功经验，吸取前人研究成功的精华，通过学习、继承、判断、分析、总结等创新思维活动，经过反复研究实验，才得出真知灼见的创新成果。

科学研究是一项积累性、探索性、创造性的工作，从科研的选题、准备，到研究、总结，都离不开科研信息的采集、分析和利用。科研信息不仅构成了科学研究的基本要素，而且是保证科研工作有效性的必要前提。为了避免科研工作的重复浪费，科研人员必须及时掌握科技发展的前沿动态和科技新成果，这样才能保证科研工作的前瞻性和创新性。

科技创新的关键是能从大量纷繁复杂的信息中提取有价值的东西，经过深入挖掘分析，能在司空见惯的表面现象中发现深刻的思想内涵，预见创新成果。这种超前预见能力是由敏锐的信息意识引发的，是知识创新的内在动力，更是信息素养能力。

为了培养更多的科技创新人才，信息素养能力的教育不容忽视，要着重培养他们的选择与分析能力，掌握信息分析研究的方法，能从众多修改的信息中提取有用的信息，去粗取精，去伪存真，提炼出有科学价值的创新信息。

在科技创新的同时要尊重知识产权，遵循国家的法律法规，合理使用知识、信息和技术，在创新研究的过程中明示对他人成果的引用、借鉴与参考，避免将他人成果据为己有的行为；对已有的创新成果也要有保护意识，可以通过法律手段对创新成果进行知识产权保护，这对于个人和国家的创新能力具有直接的影响。

三、信息素养与阅读文化

（一）当前中国国人陷入阅读危机的原因

从传统上说，阅读一直停留在精英层面，没有形成全民阅读的传统。

1. 即时的在线浏览正在取代传统青灯黄卷式的经典阅读

以快餐式、跳跃性、碎片化为特征的“浅阅读”正成为阅读新趋势。这种阅读方式虽然有较为快速、及时等优点，但也存在容易令人产生思维惰性、缺乏逻辑性及系统思考和判断能力等弊端。

2. 快节奏的生活方式，让人心变得浮躁

生活压力大，让人们很难静下心来再去思考书中的要义，也很难有兴致去探索哲学的命题。人们越来越习惯于将阅读当成是获取信息的途径。国人的“阅读危机”还表现为阅读的功利化。一直以来，升学和就业成了国民教育的主要追求，学生就形成有用的书就读，无用的书不读的功利阅读观。这样把读书当成达到某种目的的手段，而不是对读书本身感兴趣。

3. 部分国人阅读量少与个人需求有关

一个人的阅读量还与他对阅读的意义和价值的理解相关。如果认为阅读与自己的生存状况关系不大，或者认为阅读反而会影响生存状况的改善，他就没有阅读的需求和积极性。

2014 年，莫言荣获诺贝尔文学奖，国内掀起了一股“莫言热”，但要拉动国民阅读水平，仅靠莫言一人，那无异于杯水车薪。我们应该抓住当前莫言“阅读热”的契机，想方设法，把这个“即时热”转化成为“长久热”，把针对一个人的“骤热”，转化成针对更多的作家作品、更宽广领域经典之作的“慢热”。

图书阅读率稳中有升，报纸和期刊的阅读率有波动，公民上网率势不可挡，数字阅读快速增长，手机阅读率增速迅猛，国民综合阅读率迅速提升。说明近几年与信息化、网络化的迅速普及有密切关系。如何高效阅读并构建和谐进步的阅读文化，将成为一个非常现实的问题。国内外的研究实践已表明，信息素养对构建当下的阅读文化具有深远意义，深入开展信息素养教育，重构阅读文化，成为当代国人的重要使命。近年来，数字阅读的迅猛发展令专业人士也始料未及。数字阅读之所以没有与传统阅读合并计算，首先因为数字阅读的统计是不能以“本”为单位的，很可能只是部分章节、段落；此外，数字阅读和传统阅读相比有较大差异，比如，手机阅读的可能是书，更大的可能是报纸、刊物，也不能以传统纸质阅读的监测手段，监测数字阅读的阅读量。

数字阅读是有价值和意义的，应该给予高度关注和检测，但是目前全世界对数字阅读的关注不一样，还不能简单地说数字阅读是好还是坏；数字阅读目前也不能取代传统阅读，因为其还有明显的缺憾，比如可能损害儿童的视力；往往因超链接的存在，不断分散读者的注意力，使其无法专注于阅读本身；数字阅读也容易导致碎片化和浅阅读。

（二）信息素养与阅读文化的关系

1. 阅读是人类对信息需求的表现，阅读文化是一种信息审美文化

信息社会对阅读文化的巨大挑战是阅读端口的变化。传统的阅读端口以纸质为主，虽然 IT 业兴起后，电子化已悄然引起了阅读方式的革命，但是随着云端模式的出现与普及，阅读端口将变得更加多元化。一方面，云计算保证了海量信息的获取、保存与有效处理；另一方面，阅读应用端口的多样化与普及，使读者的阅读已不受时空的限制。更深一层的挑战来自学习方式的改变，这就使碎片化的学习将由一种时尚变为普遍接受的学习方式。“屏一代”终将成为时代的主流，海量信息下的碎片化学习会影响接受者的心智，从而最终使碎片化学习成为获取知识的另一种方式。这也形成了信息社会对阅读文化的巨大冲击。

面对网络阅读文化的变革和教育信息资源的繁杂，使得阅读与学习、阅读文化与终身教育面临极大挑战，那就是要寻求一种面向全体公民的教育目标或能力修养来重构阅读文化，这就是信息素养。

2. **信息素养可以重建阅读文化**

阅读文化是一种文化视阈，它对个体、民族、国家乃至全球都是一种视域，这种视域是以信息为基础的。当今时代，青少年正沉浸于网络的阅读世界和阅读海洋中，重提阅读文化的重要性，可以引起人们对信息素养的极大关注，信息素养是提升公民阅读境界的最佳选择。因为阅读文化的困境源于信息素养的不足，较高的信息素养必然打造较好的阅读氛围，因而可以扭转整个社会阅读文化的尴尬境遇。

3. **阅读是阅读文化的基础**

没有阅读，谈不上阅读文化。阅读是读者通过一定的媒介对特定的信息进行识别、理解、记忆以及审美的过程。现代的阅读不只是文字的阅读，而是一种多介质（图片、声音、图像、网络等）的阅读。但阅读归根结底是对依存于介质上的信息的解读，这就涉及阅读方式和阅读能力，不论是阅读能力还是阅读方式，都是与个人的信息素养息息相关的。信息素养及其各要素的养成都不能脱离阅读文化，阅读文化是信息素养教育的必经途径。图书馆是提供阅读的文化殿堂。对图书馆而言，每一次技术的变革都将服务推向更人性化、更方便的快捷之路，给全民阅读带来了阅读方式的诸多革新，使得图书馆不断革新服务方式，图书馆多元化服务的顺利开展终将依赖馆读双方信息素养的同步提高，馆读双方将建立起更为平等的和谐关系，阅读文化与信息素养之间具有很强的互动性。

4. **阅读是信息需求的过程，阅读文化是信息素养的基础**

一定的阅读文化制约和产生相应的信息素养；阅读文化直接作用于信息素养的各个要素，各个要素的形成和发展离不开阅读文化。就信息文化而言，阅读文化与信息素养有一个重要的沟通桥梁，那就是信息美学。阅读文化就是发现信息美学、体验信息美学的过程。因此，开展全民阅读活动是提升信息素养的重要途径。

5. **信息素养与阅读文化相辅相成、相互促进**

信息素养的提升又是从改善阅读开始的，信息素养不但提高阅读的效率，而且能够提高阅读的层次与品位，并达到对阅读文化的深层次理解与应用。信息素养的诸要素之间的关系都对阅读文化产生直接的影响，因为信息素养是一种理解、发现、评估和利用信息的认知能力。所以说，信息素养是提升阅读文化、推进终身教育的必备能力。一个没有信息素养或者信息素养不足的人是难以适应信息化社会的需要的，信息素养是改善阅读文化、提升阅读文化、推动阅读文化科学发展的最佳选择。

6. 阅读文化是提升信息素养的先决条件

也可以说，阅读是提升信息素养的必经之路。改善阅读习惯、阅读方式与阅读内容等阅读文化，就从提升信息素养开始，当代大学生的信息素养，不仅影响着他们在校期间的阅读行为，更影响着他们的终身继续教育以及今后工作的能力和业绩。

第二节　信息素养的系统

一、信息能力

维基百科（Wikipedia）上有一个概念“Unknown Unknown”，大意是说，如果你不知道某一个东西，你也不会知道自己不知道。在现实生活中，我们经常会遇到这样的情况：当你去探究某一个问题、某一个概念、某一条信息或者某一项主题时，最大的问题不是问题本身，而是你的“Unknown Unknown”；当你搜遍互联网，检索了大量书刊、论文或数据库等信息资源后，最终的收获并不在于你解决了这个问题，而是你通过解决这个问题，获得了意想不到的收获和启发，比如：最直接的收获是，在信息检索方面，你还知道了以后遇到类似的问题去哪儿找，而且是最快、最有效地找到你要找的信息，知道了哪些网站是寻找这个领域的最有效、最前沿、最有价值的地方，哪些书是该领域内最经典的书，哪些期刊是研究这个专业最权威、最核心的期刊，等等。此外，更有价值的收获是，也许你暂时并没有意识到，一次看似平常的信息检索工作之旅，在你未来的生活和学习中，会突然不经意地点燃你的智慧之灯。

所谓信息能力，即获取信息、处理信息、利用信息和创造信息的能力，是一种了解和获取信息的过程。信息能力是当今社会人类生存的最基本能力，深刻地影响着人们的生活、工作和学习的方方面面，是个人寻找职业、融入社会的一个决定性因素。信息能力包括信息获取能力、信息加工和处理能力、信息技术的利用能力。

高等院校的大学生要学会在海量无序的信息中提炼出对自己有价值的信息，并能够依据自己掌握的信息技术和信息工具来获取、处理和使用信息的能力。信息能力是大学生从事研究工作或终身学习的基础，也是未来社会生活必备的基本能力。

大学生的信息素养能力包括信息技术的使用能力、信息获取能力、信息处理能力及信息表达能力等。

（一）信息技术的使用能力

信息技术的使用能力是信息素养能力的基础。能否使用信息系统是最基本的要求，具体包括以下几项能力：①会不会安装与启动信息系统工作；②能否准确无误地操作信息系统；③能否进行信息系统的日常维护和保养；④当出现故障和问题时，能否判断与估计故障的原因，能不能进行必要的处理；⑤能否根据工作需要选择合适的软件系统，并准确熟练地使用；⑥能否使用一些软件开发工作等。

（二）信息获取能力

使用信息技术的目的是从海量的信息中获取对自己有用的信息，因此信息获取能力是信息素养能力中最重要的因素，它主要包括以下几个方面的能力：①信息资源的查找能力；②信息资源的收集能力；③信息资源的理解能力；④信息资源的评价能力；⑤信息资源的选择能力。

（三）信息处理能力

人们要把获取来的信息进行加工处理才能为我所用。因此必须具备一定的信息处理能力，才能把得到的碎片化信息和未经加工的数据真正利用起来。信息处理能力跟统计分析以及程序设计能力有着千丝万缕的关系，它涉及的范围非常广泛，具体包括以下几个方面的能力：①信息分类能力；②信息统计分析能力；③信息重组能力；④信息编辑加工能力；⑤信息存取能力。

（四）信息表达能力

人的一个十分重要的作用就是作为信息的生产者和传播者，因此信息表达能力才突显出来。具体体现为以下几项：①信息生成能力；②信息表达能力；③信息报告能力。

二、信息意识

所谓信息意识，是人们利用信息系统获取所需信息的内在动因，具体表现为对信息的敏感性、选择能力和消化吸收能力，从而判断该信息是否能为自己或某一团体所利用，是否能解决现实生活实践中某一特定问题等一系列的思维过程。信息意识含有信息认知、信息情感和信息行为倾向三个层面。同时，信息价值的判断力、持久的注意力和敏锐的洞察力在某个时刻也是事业成功的关键。一个具有强烈信息意识的人，对信息的敏感性，除了对信息的持久注意心理倾向外，更重要的是对信息价值的判断力和洞察力，面对浩繁、无序的信息，要能够去粗取精，去伪存真，进行识别，并做出正确的判断和选择。信息素养的核心内容包括信息意识和信息能力。

（一）敏锐的观察力

对信息的敏锐观察力是指人们面对所需要的信息表现出来的敏锐程度，主要表现为反应力（或应变能力）和行为倾向性。

信息反应力是指在获取信息、利用信息时人们的心理反应。当需要信息的愿望越强烈，信息意识就越明确，能动性、自觉性也就越大，就会主动去观察相关信息源，从而获取自己所需要的信息；信息行为倾向是人们在处理信息、利用信息时的实际效果；也可以是人们在整合信息、创造信息时的知识水平和创新能力；它需要平时的积累和慢慢养成、自主的学习和提高，特别是要进行各种预案的思考和策划，因为应变能力是反映信息敏锐的观察力的重要体现。应变能力既有先天的因素，也有后天的培养。信息的应变能力是有差别的。如不同气质类型的人，每个人化解危机的反应不尽相同：多血质气质类型的人就比黏液质的人化解危机的能力要高些，这是与生俱来的、先天的因素造成的。当然也可以通过后天的培养来获得。比如，通过学习掌握了必要的知识，武装了头脑，在生活实践中积累了丰富的经验，在化解危机时就会从容许多。应变能力是具有可塑性的，可以通过相关训练来提高和加强。

应变能力是指个体或组织在外界事物发生改变时所做出的反应，有时是本能的，有时是经过大脑思考后做出的判断和决策；中国知网术语查询记录《中国卫生管理词典》中有对“应变能力”条目的解释：具有适应时事或应付事态变化的主观条件；主要反映在表现于应变的全过程，应变过程即变化信息的输入—对信息的分析认识—做出应变决策—组织应变措施实施—检验应变效果。所以，应变能力是当代人应具备的基本能力之一。20 世纪 80 年代中期，国内市场行业学者就清楚地认识到，信息是资源，信息是财富。

1. 信息应变能力表现在 5 个方面

（1）前瞻力

对信息具有前瞻性判断力。

（2）应对力

能在信息变化环境中产生应对的创意和策略。

（3）持久力

能够认清事物发展变化的趋势和本质，能在纷繁复杂的动态变化中明辨方向，持之以恒。

（4）应变力

善于审时度势，根据不同情况做出判断，随机应变。

（5）适应力

能够适时分析变化中的信息环境，迅速地做出必要调整，进入适应状态，并循序渐进，不断提升适应能力。

2. 信息应变能力培养的途径

（1）场景训练

可以模拟随机性强的场景或环境变化来适应或训练应变能力；信息应变能力一般指遭遇突发事件、意外状况或危机情况时必须拿出应急方案或解决紧急事件的途径或办法，可以结合危机管理增加必需的预案意识，并能积极付诸行动，而不是纸上谈兵。

（2）危机管理意识训练

信息应变能力与环境变化关系密切，当外界环境发生变化时，是考验人们的危机意识和应变能力的时刻，要做到未雨绸缪，泰然时要有忧患意识、危机意识，做事要有前瞻性是信息应变能力的基础，也是危机预警体系的第一原则。因此，危机意识和预控能力是至关重要的。因为导致危机产生的关键在于危机主体缺乏危机意识和有效的预控能力，很多危机的发生、危机事态的扩大，主要原因是人们欠缺危机意识造成的。孟子所言“生于忧患，死于安乐”就是这个道理。

（3）实践训练

在实际工作和生活实践中，必然会遇到各种各样的实际困难和问题，解决这些困难和问题的过程，就是增强信息应变能力的过程；学会与人沟通、交流、互动，逐步提高自己在各方面的应变能力，积极尝试和体验各种业务，提升自己的生存技能，在一定程度上也是不断提升信息应变能力的实践过程。

（二）价值的判断力

判断力是人们对人、对事物、对概念、对信息、对知识、对现象、对本质、对问题等，在感知、判断、记忆、想象、警觉、预判、推断的基础上做出判别、决断、选择并给出结论的能力。判断力是一个综合能力，是诸多能力的结合，它体现出一个人长期积累形成的习惯性的常识判断、应急判断、超常判断等。从判断力的结构来看，至少分为两部分：首先是反思性的判断力，它的思维路向是从特殊到一般；判断力的另外一部分乃是规定性的判断力，它发挥作用的路向与反思性判断力刚好相反，它是从普遍到特殊、从一般到具体地发生作用。

判断力这种结构能力，使得人类面对问题做出判断时既要有理性，又要有灵活性；既要积累，又要不断培养。

判断力的要素包括以下几个方面：①知识积累、信息综合；②感知能力、专注能力；③推理能力、估测能力；④冷静思考、自我约束。

信息的判断力指人们对信息的真、善、美做出适当、科学、合理的判断能力；信息的真包括真实、正确、科学的判断；信息的善包括价值、意义、善恶的判断；信息的美包括适当、有意蕴、和谐的判断；在日常工作和学习中，积极培养出这些特质，人就能够获得高度敏锐的悟性和实用的判断力，就能够洞悉事物的本质，并以恰当的方式处理问题。

（三）持久的关注力

信息的关注力是指人们对信息深层次的观察能力以及关注程度，包括信息背后隐藏的信息内涵，主要涉及对信息的判断力、对信息解读的准确性、对信息判断的前瞻性。透过现象看本质，通过对信息的持久关注，能够深入看穿信息表面而进入其深层或底层的穿透能力，是信息意识的高级阶段，是信息素养能力的体现。

信息的关注力与人们对信息对象的认知、情感和行为的动机关系十分密切。一般来说，人们对信息对象认知得越清楚，关注力就越强，对信息对象的本质看得越透彻；人们对信息对象的情感越深，对其内涵关注的结果就越丰富；人们对信息对象的行为动机越明确，信息关注的过程就越简捷。

信息关注力是一种包含了认知、分析、判断、评估、预测等的综合能力；这种以判断力为特质的信息能力是人类面对事物、问题、现象等所做出的合理判断。对信息价值的判断力和关注力，对解决问题、消除难题、完成工作、推动事业的发展至关重要；一个具有强烈信息意识的人，必然对信息有着敏感的、持久的关注力，有着对信息的心理倾向性，更有着对信息价值的判断力和关注力。在信息社会，面对繁杂的信息，人们必须学会去粗取精，去伪存真，善于识别，并正确做出选择和判断；做大事、做成事，会做事、做好事，其中蕴含着丰富的、科学的信息关注力，事业的成功时常伴随着人类精湛的关注力和准确的判断力，信息关注力符合省力美学的价值判断，可以减少不必要的无用功，把各种有效资源和力量发挥到极致，富有艺术效果。

三、信息创造

信息创造是信息素养的能动要素。信息创造是人们获取信息、整合信息、吸收和利用信息、创造新知识的过程。信息创造和一个人的知识积累、创新意识、创造才能密不可分，同时也是信息素养高低的重要体现。

创新是创造的动力，创新是人类对已有事物、观念和方法的开拓和改进而进行的能动的反映。是人类对于陈旧事物的打破和再造；创新在于发现和发现后的思考及行动。

方法创新是信息创造的基础，思维创新是信息创造的前提。创新需要发现、需要思考、需要培养，也需要条件。有学者归纳影响哲学社会科学方法创新的因素可分为主体因素、保障因素、动力因素三类。①这三种因素同样可以作为方法创新举措的三个维度，即提升创新主体的创新意识和主观能动性，加强创新环境优化及创新团队建设，加大创新基金投入和激励机制创新。

（一）独立思考是创新的源泉

数学家华罗庚先生是自学和独立思考的典范，他认为：“任何一个人，都必须养成自学的习惯，即使是今天在学校的学生，也要养成自学的习惯，因为迟早一天会离开学校”！自学，就是一种独立学习、独立思考的能力。行路，还要靠行路人自己。独立思考的能力，对于从事科学研究或其他任何工作，都是十分必要的。在历史上，任何科学上的重大发明创造，都是由于发明者充分发挥了这种独创精神。华罗庚先生的名言在当下的信息社会依然是至理名言，特别是在培养信息创造的能力上，尤其如此。

（二）培养科学创新精神是创新的保障

科学创新精神是指具有求知和探索精神，这是信息创新的动力，是人们从事一切科学认识活动的原始动力。理性的怀疑与批判精神，这是科学精神的核心与灵魂；创新精神是科学的内在要求和本质；求真务实精神是科学认识的基础和出发点。知识的问题是一个科学的问题，来不得半点虚伪和骄傲，决定需要的倒是其反面诚实和谦逊的态度。

科学精神的培养需要从求知探索精神、求真务实精神、理性的怀疑和批判精神、创新精神 4 种精神进行培养，而其核心则是培养实事求是的态度、实事求是的作风、实事求是的精神。

（三）教师的创新意识和创新能力是培养创新人才的前提

创新是一个民族的灵魂，新世纪人才必须具有创新意识、创新精神和创新能力，这也是素质教育的基本精神。学生信息素养的提高是素质教育目标的一部分，在网络环境下开展研究性学习和自主学习，需要学生具有一定的信息素养。因此，教师必须首先强化自身的信息素养，具备创新意识和创新能力，才能更好地指导学生，全面实施和推动素质教育。

强化教师的信息素养，使每一位教师既可以是信息的需求者，又可以是信息的提供者，能够在互联网上学习讨论、交流信息，发挥教师潜在的知识能力，形成一个高效的信息增值网络，有利于改善教师的知识结构，促进教师的专业化发展。

四、信息伦理

（一）信息伦理的概念

信息伦理（Information Ethics）是涉及信息开发、信息创造、信息传播、信息免疫、信息管理以及信息利用等方面的伦理要求、伦理准则、伦理规约，以及在此基础上形成的新型的伦理关系；信息伦理又称信息道德，它是调整人们之间以及个人与社会之间信息关系的行为规范的总和。这两个定义分别强调了信息伦理是信息活动中的新型伦理关系和等同于信息道德的信息行为规范。

词典对“伦理”的解释是：“伦理，就是人与人以及人与自然的关系和处理这些关系的规则。”如：天地君亲师为五伦；忠、孝、悌、忍、信为处理人伦的规则。从学术角度来看，人们往往把伦理看作是对道德标准的寻求。

信息伦理是信息素养中不可或缺的要素之一。特别是随着网络的普及，信息伦理越来越受到重视，它约束着人们在获取、利用和传播信息的过程中的行为规范。信息伦理包括信息道德，它左右着信息素养的发展方向。主要内容包括信息交流与社会整体目标的协调一致；遵循信息法律法规，抵制违法发布、利用信息的行为，尊重他人的知识产权，正确处理信息开发、传播、使用三者之间的关系等。例如，人们在日常的学习和工作中遇到的信息引用、咨询、复制等知识产权问题以及出版发行教学出版物所应承担的权利与义务问题，网络信息规范化管理与应用问题等，这些都需要人们具有规范化管理的信息道德意识。

信息伦理还包括信息免疫力，尤其是在网络环境下，不同类型的读者对信息要有免疫和抵制的能力，能够积极慎独，不能沉迷于消极的垃圾信息陷阱中，要用积极的心态、理智的头脑、长远的目光来驾驭自我，健康向上地利用互联网信息，高效科学地消费信息，开拓创新地创造信息，理智地传播信息。

为了进一步加强学术道德和学风建设，遏制学术不端行为，惩防并举，标本兼治，自律与他律相结合，培育优良的学风，倡导严谨规范的学术行为，营造良好的学术环境，教育部科学技术委员会学风建设委员会组织编写了《高等学校科学技术学术规范指南》对高校教师、学生及教育管理人员提高学术道德修养，规范学术行为，营造良好的科研氛围，促进教育和科学技术的健康发展，起到了重要的作用。

（二）学术界的规范

1. 学术规范

学术研究要尊重他人的知识产权，遵循学术界关于引证的公认的准则。在作品中引用他人的成果，必须注明出处；所引用的部分不能构成引用人作品的主要部分或者实质部分；从他人作品转引第三人成果，应注明转引出处。

学术规范是20世纪90年代中国学术界关注的一个焦点问题，构成了20世纪末中国学术发展取向的一大人文景观，其意义将在今后的学术文化工程的建设中进一步突显出来。但关于学术规范的定义和范围究竟是什么，学者们意见不一。教育部于21世纪初期制定颁布的《高等学校哲学社会科学研究学术规范（试行)》，以下简称《学术规范（试行)》中对此也没有做出明确界定。但这并不妨碍我们功能性地理解学术规范的作用。关于这一点，《学术规范（试行)》中的第一条就很明显地指出来，即对人文社会科学研究工作中的学风建设和学术活动给予规范性的指导。尽管学术规范的发展在我国取得了不小的成就，但与此同时，所谓“学术失范”的问题也随之日益突显出来。有学者认为，这在很大程度上是道德的失范，根本上在于德行价值的偏差。因而推行学术规范的关键是学者的自律，要重视学者的修养和自省。从这些观点中我们可以推断出，之所以现在学术问题很多，是因为现在的学风败坏；20世纪80年代，即使没有学术规范，学术问题也不多，只是因为当年的学风良好。

2. 学术引文、注释规范

①学术引用应体现学术独立和学者尊严；②只要是引用，就必须尊重作者原意，不可断章取义，不可曲解原文；③引注观点应尽可能追溯到相关论说的原创者；④写作者应注意便于他人核对引文；⑤应尽可能保持原貌，如有增删，必须加以明确标注。⑥引用应以必要为限，避免过度引用；⑦引用已经发表或出版修订版的作品应以修订版为依据，它代表作者最近的看法或思想；⑧引用未发表的作品必须征得作者或相关著作权人的同意。⑨引用应有明显的标识，以免读者误会；⑩引用须以注释形式标注真实出处，并提供与文献相关的准确信息。

列出论文参考文献的目的是让读者了解论文研究命题的来龙去脉，便于查找，同时也是尊重前人劳动，对自己的工作有准确的定位。因此这里既有技术问题，也有科学道德问题。

一篇论文中几乎自始至终都有需要引用参考文献之处。如论文引言中应引对本论题最重要、最直接的文献；在方法中应引用所采用或借鉴的方法；在结果中有时要引用与文献对比的资料；在讨论中更应引用与论文有关的各种支持的或有矛盾的结果或观点等。

任何学术研究、学术写作过程都应该尊重前人已有的成果，并通过引证、注释等形式加以明确说明，从而在有序的学术对话、学术积累中力求推进学术创新，这是学术规范的本质要求。因此，凡是引用他人的观点、方案、资料、数据等，无论是纸质的还是电子版的，都应该详加注释；凡转引文献资料，应如实说明。学术注释规范既是一个形式规范问题，又是一个从根本上保障学术继承与学术创新的实质规范问题。

凡是粗心大意、不查文献，故意不引、自鸣创新，避重就轻、故作姿态的做法都是错误的。而这种现象现在还时有所见，这是科研工作者的大忌。其中，不查文献、漏掉重要文献、故意不引别人文献或有意贬损别人的工作成果等错误都是比较明显的。有些做法则比较隐蔽，如将该引在引言中的，把它引到讨论中。这就将原本是你论文的基础或先导，却放到和你论文平起平坐的位置。又如，科研工作总是逐渐深入发展的，你的工作总是在前人工作的基础上发展起来的。正确的写法应是，“某年某人对本题做出了什么结果，某年某人在这基础上又做出了什么结果，现在我在他们的基础上完成了这一研究。”这是实事求是的态度，这样表述丝毫无损于你的贡献。有些论文作者却不这样表述，而是说，“别人没有做成这个课题，现在我做成了。”这就不是实事求是的态度。这样有时可能糊弄一些不明真相的外行人，但只需内行人一戳就破，结果弄巧成拙，丧失信誉。这种现象在实际生活中还是比较普遍的。

3. 网络信息学术规范

网络提供了一种前所未有的信息传播途径，它已经影响到了原有的信息创造者、信息使用者以及信息提供者之间的利益平衡。图书馆在数字时代中，不仅作为作品的重要传播中介和服务主体，而且作为信息资源的创作者，深深地影响着社会信息生产、传播与交换机制。

在法律上，图书馆是搜集、整理、收藏图书资料以供人阅读、参考的机构，其功能在于保存作品并向社会公众提供接触作品的机会。图书馆向社会公众提供作品，对传播知识和促进社会文明进步，具有非常重要的意义。只有特定的社会公众，在特定的时间以特定的方式，才能借阅到图书馆向公众提供的作品。因此，这种接触对作者行使著作权的影响是有限的，不构成侵权。

所以，图书馆为了保存的需要将作品数字化，或者高等院校图书馆将作品数字化后在馆内及校园网小范围内使用并只能浏览而不能下载、打印，在著作权范围内是许可的。我们现在的一些数字图书馆是按照商业模式来运作的。用户在缴费完成后，在互联网上就可以阅读并下载打印，影响了著作权人以其认可的方式传播作品，侵犯了其信息的网络传播权。因此，我国的数字图书馆按照目前的运作模式，必须经过著作权人的授权许可。

目前国内业界有不少人士提出了解决方案，主要有三个方面：①建立针对数字图书馆版权统一的管理机构；②修改著作权法，规定数字图书馆和网上传播可以事先不经作者许可，事后向作者支付报酬，也就是类似于现行著作权法上的“转载”；③“授权要约”模式，即著作者在出书的同时发表一个要约，声明著作权人的权利，并声明别人在什么样的条件下可以使用，并通过代理机构向著作权人支付报酬。

现在，很多用户已经将网络（包括数字图书馆）作为收集、整理、利用信息的重要来源。鉴于数字图书馆著作权方面的复杂性，一定要注意合理使用，注明出处，尽可能避免侵权行为。

随着网络的迅速普及，网络信息伦理问题也提到了议事日程。在信息社会，信息伦理已经成为一个世界性问题。国外网络伦理研究者把与网络有关的信息伦理问题归纳为“7P”，即 Privacy（隐私）、Piracy（盗版）、Pornography（色情）、Pricing（价格）、Policing（政策制定）、Psychology（心理的）和 Protection of the Network（网络保护）。国内的一些专家认为，“7P”并不足以涵盖信息伦理领域的全部问题，又提出了网络虚拟空间与现实生活空间、网络道德与传统道德、信息内容的地域性与传播手段的超地域性、通信自由与社会责任、个人隐私与社会监督、信息共享与信息独有、网络开放与网络安全、网络资源的正当使用与不正当使用等方面的问题。

第三节　信息素养提升意义

一、信息素养的特点

（一）变化性

信息素养的标准定义随着时代变化更迭而变化，对信息素养的要求也不是固定框架。国家要发展，社会要进步，就需要科技的不断创新。信息技术的发展就是这样伴随着社会需求不断向前。我们从小到大也或多或少接触过信息素养的培养，例如一些计算机的操作课程、信息普及的教育课等等，而过去所学的一些信息知识并不能够让我们停止终身的学习，信息社会下，知识的更迭迅速，只有不断学习新的信息技能才可以跟得上时代的发展。

（二）多面性

虽然在信息社会每个人都应具备相当的信息素养，但由于生活环境、家庭背景、教育理念等不同，每个人信息素养的程度也是略有差异。因此，信息素养可以表现为公民信息素养、利用信息素养、开发设计信息素养等。尽管信息素养表现复杂多面，但这并不会让人们一定要局限在某一个方面。人从出生对信息所知“无”开始，到慢慢从外界接收、学习，信息意识不断提高，对信息技术等方面也渐渐有了些许认识。这种情况下，信息素养的教育对人们的意义就是具有一定的知识和能力。而有些具备一定基础能力的人，可能由于自身所处的环境（工作或学习方向），会接受一些专门的信息相关的培养，他们更能利用信息到自己的生活或是工作中，信息成为他们获取更多物质的工具。而有些人更是将信息当作事业的方向，更进一步钻研，这些就表现为开发信息素养的一方面。

（三）表现性

如同衡量一个人道德素质的高低，我们要从他日常变现中获取评判。信息素养的高低也要看其在具体生活实践中的表现。课本上和听来的理论知识只是给了我们一个大概的方向和实践依据，而真正能将理论变现出来才能体现信息素养的真正价值，不只要在理论上有见地，在具体信息技术操作过程中也要能够体现。在我看来，信息素养最终体现在的是实际操作的表现，只有真正的实践表现，才能从抽象的理论知识中转到具体的实际价值上，才能有更深刻的理解和认识。所有这些问题，也只有在具体的事例中才能知晓解决。在信息素养问题上，做比说更重要。

二、培养大学生信息素养的意义

（一）促进大学生对大数据认识利用

大学生是当今社会承前启后的重要群体，承担着推动社会前进的重要义务。而大学生所处的校园环境也造就了他们对新新技术的前沿接触，是信息时代极大受益者。目前，在高等教育来说，大数据已经对传统教育产生了冲击，过去对于计算机教学，网络教学甚至通信技术的普及等都面临着一系列的改革。不仅如此，大数据对大学生日常生活的影响也是巨大的。简单举个生活中的例子。现在许多学生都是在千里之外的外地上学，来回学校可能都是通过搭乘飞机。购买飞机票就是一个佐证。

过去我们买机票固有的概念就是越早订价格应该会越便宜，但在信息不发达的过去，很多时候我们会发现提早订的机票反而比一些更迟订到的机票还要贵，这种不合理的结果就是因为没有对有效信息的合理规整，没有基于用户对机票的需求来合理定制票价。这会导致很多乘客不必要的浪费，也造成乘客和航空公司的一些矛盾。而大数据的应用，可以合理地解决这一问题。就机票而言，我们会思考座位之间怎么会有价差，大数据并不是去解开机票价格差异的奥秘，它的作用是预测走势，就是所关心的价格走势。大数据的技术就是在机票因为各种因素波动的时候让你在最正确的时间用最合理的价格入手。而作为预测的这些数据最开始是从一个旅游网站上获取的，这些数据能说明涨价降价的原因，只能推测接下去会发展什么，当然不用管其中波动的原因，机票波动是因为很多空位没卖掉、天气不好等原因，还是所谓假期的到来，而从数据中预测未来机票价格走势，这就是大数据的魅力。

不单单是生活中购买机票这样的小事，面对信息化高度发展的今天，网购、社

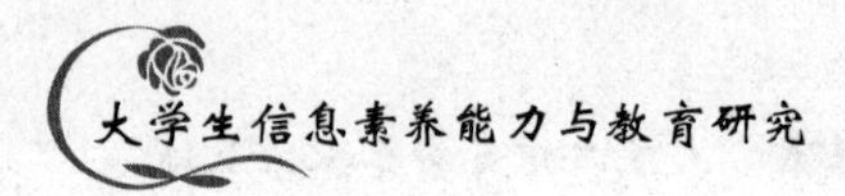

交网络的兴起，大学生作为有条件较早接触这些的群体，要深刻认识到大数据已经渗透到生活的方方面面，我们要能清楚地意识到它们的存在，对其有基本认识了解，才能有机会利用到它们。

（二）提升大学生综合管理信息能力

作为当代大学生，特别是非信息相关专业的莘莘学子，虽然其中大部分可以用明确的语言表达自己的相关需求，但只有较少一部分可以在众多的信息中确定自己所需资源的范围，排除不必要的干扰，整合有效信息。而最终对信息的发现利用正是要充分理解所获取的信息，能够在关键字词的搜寻中找到相关信息源，懂得在海量资源里筛选真正对自己有用的，但在大数据盛行的今天拥有这一重要素养的大学生却极少。

与此同时，在发现有用信息之后，大部分学生都只是对信息进行简单的保存，并没有科学的规划整理，懂得综合管理有效信息的人更是少部分。

如今 QQ、微博等网络媒介日益广博，各类搜索引擎、购物网站等掌握了最有利的大数据，信息的发展也和社会、经济、文化、国防、科技等紧密相连，我们还未从传统观念中转变过来，不能简单地对井喷的信息胡乱搜集利用，要更懂得用合理的方式和工具对信息进行加工处理，创造出新的有用的价值，来应用到工作学习或生活中。

（三）拓展大信息的利用方式

1. 信息的再利用

过去我们只一味地收集信息数据，对于一些自认为的垃圾信息就置之不理。20 世纪 90 年代后期，我们的邮箱中充斥着流氓软件给我们发送的各种广告垃圾，人们反而很难在自己的邮箱里面找到需要阅读的邮件。而后有人发明了“验证码”这样的东西，巧妙的区别了机器和人的分别，但每天无数人浪费 7、8 秒钟输入一堆烦人的字幕，这导致大量信息被随意丢弃。为了解决这样的问题，新的技术软件就孕育而生，和原有的随机字母输入不同，通过特殊的程序设定识别并输入规定的字符单词。从一个词的使用频率来看，推导出是不是由机器人进行验证的；另一个单词则是有待辨识的新词。这是区别人与机器的重要方式，而且也对较难识别的字母进行解读。之后的图书扫描项目很大程度运用了这项有趣的技术。

2. **重组信息**

在数字化的时代，信息可能只是被交易的对象。而在大数据时代，信息从它的最基本用途转变为未来可能潜在的用途，迫使人们重新组织看待使用信息的方式。

处于休眠状态的信息的价值只能通过其他信息的刺激来发挥自身价值。用大数据时代下新的方式混合这些信息，可以得到很多新的体验。一个典型的例子就是关于手机是否致癌的一项研究。人们做了大量的研究来调研，但整个过程中却困难重重。不是样本太小，就是研究的时长不够抑或是报告中的信息有错误。尽管整个研究的规模很大，但其中所包含的数据信息却十分清晰，两个数据信息都是采用了非常严谨的搜集方式，所以大可放心数据的准确度。这些信息都是多年前就已经拥有的，但是过去并没有相关的研究，所以一直没有结合在一起使用的机会。最后，正是凭借这两份看似不相关的信息数据，研究得出了收集和癌症间不存在关系的论证。这个结论可能并不像发现外星人一样让人吃惊，但将信息进行重组得出新的有效信息的思想对我们在数据信息研究领域是很有借鉴意义的，这种新的尝试给信息的利用又提供了一条出路。

3. **开放信息**

百度、淘宝等绝对是大数据的拥有者，但与此相比，政府才是其中大规模信息的原始收集者。他们拥有真正大量的原始信息，并且不用给从获取这些信息的过程中提供报酬。如我们所知，很多信息数据的价值并不是敞开的，需要创造性的想法来对其进行释放。但政府的地位导致了他们在获取信息的过程中对这些信息的利用效率很低。因此，“开放政府信息”成为一种倡议主张。因为很多的企业或是社会部门对信息的利用可能比政府更合理，而如何使这些信息得到更充分的利用并造福于所有公众，让信息并不是固守在政府手中，这是大数据时代下必须具有的信息利用思想。

（四）加强大数据背景下对信息的保护

随着信息化的普及，更多的个人信息被采集和存储。我们的信用卡、身份证、电话等随时都有被不法利用的风险。在互联网的时代下，专门做信息搜集的公司就有好几百家，正是由于互联网的出现，让我们信息暴露的更容易也更廉价。淘宝也在获取我们的购买习惯，微博、QQ 等也在收集着我们的社交关系等。

制定与时俱进的相关法律法规，培养公民对隐私保护的意识，严格规范行业标准，这些都是我们在现如今急需获得完善的。大数据给我们带来了新的机遇，但在机会面前我们往往也会忽视其中的风险。

四、大学生信息素养培养的优势

（一）丰富的数据信息

世界经济与科技发展的全球化让我们国家的综合实力得到了提升，也拉近了我们与其他信息国家之间的差距。相对于过去较为闭塞的信息环境相比，我国对信息数据的开放更加成熟，特别是以“BAT”（“B”为百度简称，“A”为阿里巴巴简称，“T”为腾讯简称）为代表的互联网公司的崛起。百度公司被称为中国的谷歌，数以百计的国家每天都会在这个搜索引擎上点击来试图获取自己要的信息，每天新增数 + TB 的数据信息，处理 100PB 的数据，为用户能精确定位到自己的网页，百度更是在引擎的能力上做足了功夫，以帮助用户尽可能快的达到目的。阿里巴巴作为金融购物平台，掌握的数据量更是如此。超过三十万台大型服务器在阿里内部运转，目前保存的数据量应该在近百 PB（对新浪微博的投资，对高德等的收购等行为，会进一步提高阿里巴巴可接触的数据量）。腾讯平台锁定了大量的用户群，早已占据最早的社交领域，在数据仓库存储的数据量单机群数量已经逼近五千台。像乐视、一些扫描地图、通讯、娱乐类互联网公司，也拥有 PB 量级数据储备。包括电信、金融、保险等等其他领域，都至少是海啸级别的数据载有量，我们生活在了一个数据量空前的时代。

（二）开放的采集途径

过去和现在对书目、刊物的阅读索引已然无法相提并论，因为信息技术的不便利以及相关政策的限制，无法触及很多真正所需要的资源。科学技术的进步以及大数据时代的到来，让我们有了机会改变自己的习惯。相较于过去烦琐的步骤而言，手机电脑成了我们的网上图书馆，足不出户便可获取所需的大量资源。同时，书店中丰富的书目被智能化地进行了分类鉴别，更多的专业书籍被划分出来，我们不再像过去一样难以找寻资源，我们变得更高效更有目的性的搜集信息。

学校作为一个庞大的资料库，更是为高校学生们采集信息提供了保障。学校的图书馆会购买指定的书目，并且实时补充最新的书籍以供阅读。高校定期会开展组织各类教授专家的讲座论坛，让同学们有面对面的机会近距离体验知识。不但如此，计算机的普及还在进一步的扩大，从小就会培养学生进行计算机的学习，甚至农村的发展教育也离不开计算机的支持。

（三）精确的传播途径

大数据对信息的精确传播的意义巨大。简单用两个例子来说明。第一个例子，我们在不同的两个时间点走进一家餐厅，餐馆提供的菜品是不一样的。因为我们可以通过技术手段让电脑智能的分析人数，并且搭配出最适合的最有效率的饭菜。等的人多就提供可以快速就餐的简单餐食，等的人少就可以不用着急赶工，可以制作一些复杂的、高利润的菜品。第二个例子，想想我们去博物馆参观的时候，科技人员依据大数据做着视频开发和优化，若一个视频正在被大量的人观看着，从大数据分析出某一段被反复进行回放，依靠这份数据，优化人员就在这个时间点设计讲授知识难点，来提高观看视频的效率。

这就是大数据时代，庞大的数据让我们做任何事都有了分析的资料背景，可以把每个人区分开来进行个性化的服务。伴随着科学技术的进步，信息传播路径自然发生变化，烽火狼烟、飞鸽传书这样单纯的信息传递早已经满足不了需求，我们更看重的是在信息传播的过程里，满足每个独立个体的需求，让传播更加精确。

（四）结合先进的技术、设备

信息技术的发展对现代社会的影响是全面的，特别互联网的发展对传统工业都产生了冲击。二维码、数字技术、机械自动化、移动平台、ERP 等技术的创造发展，让很多传统的工业企业迅速融合到现代化自动化的进程中。但硬件上的提高补充只是一部分表现，时刻关注着企业内部变化，能够做到实时改变迎合突发情况，了解在变化的过程中产生的各种不确定性，这正是我们所要关注的。

技术、设备的升级创新是大数据时代所配套的硬件设施，很多工业的转型升级，质量的提高等，都对传统行业的变革产生了重大影响。

由于有了大数据的存在，从提取它们解决问题创造价值的过程中感受到了时代的变化，也一步步教会了最聪明的做事方法。要懂得把事物数据化，这样能得到最客观的分析，并且从数据中最精准地反映到所涉及的问题。先进的技术设备让我们现在足以做到这点。

（五）政策、专业技术人员的支持

在我国高等教育不断普及的今天，国家也越来越重视信息技术人员的培育。很多高校都有自己的软件学院，每个专业也会开设计算机的相关课程，满足社会对信息产业人才的需求。

随着信息类人才的需求越来越大，在结束学校专业教育之后，很多学生也会注重更多的培养自己信息方面的知识。国家也出台了一系列培养人才，鼓励发展信息专业人员的政策，也为此增设了很多相关岗位。一些大公司更是高薪聘用拥有高信息素养的人才，请来专门的老师进行规模化的培训，让更多人都真正关注到信息素养的提高。毕竟这是一个与时俱进的行业，你必须在忙碌紧张的生活中不断吸取新的知识来补充自己，这样才能根据自身的特点提出有价值有建设的方案，使自身的信息素养得到真正意义上的提升。

五、大数据背景下对大学生素养的要求

（一）信息素养是新时代的必备素养

在大数据引领的新变革中，我们国家在很多领域有着进步与创新，大学生作为当今社会的中坚力量，也必须与时俱进地提高自己。在大数据时代下，信息素养已经成为与思想道德素养、文化知识素养、身体素养、心理素养一样不可缺的必备素养。

计算机与互联网的发展已经融入日常的方方面面，在这个崭新的时代下，信息的生产利用直接反映出了一个国家的科技水平，这也同样体现了这个国家国民生活质量水平，同时，国家的竞争力也与国民信息素养高低相关。上至天文，下到地理，甚至微小到基因序列重组等等，一切都离不开信息，这是一种已经切实存在的、我们抓得住、把握得了的重要资源，而良好的信息素养是掌握这些有利资源的保障。

大学生信息素养的培养关系着国家未来的发展，作为未来信息建设的骨干，传递和使用信息只是信息素养的基本部分，较高信息素养的体现是有能够简化复杂信息的能力，掌握细分问题的技巧，将数据信息整合归一，成为真正适应大数据时代的信息人才。

（二）信息素养是培养信息化人才的根本

所有的信息技术以及信息的传播都是需要人来完成，计算机的功能已经空前强大，但拥有与之相匹配的操作人才更是当务之急。

在传统教育中习惯性地传播标准知识，让学生单方面接受所传递的知识，学生是被动的接受者。现代网络技术的发展，让我们可以根据自己的喜好和想法自由的在网络上捕捉多方位的信息，主动对自己的爱好和特长进行补充学习。这正是需要学生拥有一定的信息素养，懂得如何获取自己所需要的信息，让学习更加的高效。这样做可以节省大量的时间成本，让学生可以不必重复学习已有的知识，能够针对自己薄弱的环节进行深化学习，使学习更具有目的性。

拥有信息素养是大数据时代下培养人才的基本要求，我们在对人才培养的过程中也要尊重、适应时代的选择，重视对大学生的培养。

（三）大数据背景与非大数据背景的异同

1. 信息的认识

大数据的到来让我们对信息的认识发生了翻天覆地的转变，也改变了我们处理信息的思路。首先，在大数据时代，无数信息分布在我们周围，其中不乏特定代表性的信息，这让随机进行的信息采样变得有些没有意义。和我们过去采样论证不同的是，大数据可以让我们对更多信息进行分析，这样做的结果是过去一些因为技术等原因没法掌握的问题一下都可以解决。再者，我们拥有了更多的信息，就不用过分考虑细节。大数据让我们不用像以前一样因为一点小差错就推翻之前的工作，允许我们犯更多错，只要不犯根本上的错误就好了。当然，依托大数据的背景，如此庞大的数据量自然是精确无疑，只不过相较于过去，我们看待问题的角度变得不一样，可以从更宏观的层面把握整个问题。

2. 信息技术的发展

伴随着大数据而来的是技术上的革新，大数据是信息化社会的重要特征之一，过去，人们大多面对的是结构性的数据，这类数据很简单易掌握，就像成员的登记表一样，而如今，已不单是传统的结构性数据，非结构性的数据占据了生活的周围，充满变化性，例如风向的变化，一些难以想象发生的突发情况等，这些是我们无法左右的。现在，尖端的技术已经不再被一个公司所垄断，一项新的有发展的技术可能是很多小公司一起联合创造出来的。面对如今时代的瞬息万变，信息存储技术是为人力物力所节约的最好体现。大数据时代让所有的信息产生了我们以前所不注意的联系，形成了一个庞大的相关系统，传统的信息技术已经不再适应于现代的信息安全。

3. **信息环境的变化**

与过去不同，大数据时代，更多信息数据可以被量化。依托于计算机技术的发展，带来了数字测量和存储设备，大大提高了数据化的效率，也使得通过数学分析挖掘出数据更大的价值变成了可能。可以想象当沟通变成了数据，方位也变成了数据，所有的一切都可以将其数据化。零售商可以量化每天的人流，饭店老板可以知道每份饭菜的销售热度，甚至一些健身爱好者、技术发烧友可以“自我量化”，通过测量自身的身体状况来让我们的生活过得更好。

4. **思维的变革**

在大数据背景下，很多东西之间不再有因果关系，而转变为了相关关系。很多时候我们只要知道其中一个小点，就可以放射性地发展到全面的认识，管中窥豹不再是只窥一点。因为数据可以让我们从一小点知道全部。

在信息量有限的过去，我们靠着事物的联系，可以尝试着推断一些事情，但在大数据的背景下，哪怕一点点小小的联系就变成了不可估量的价值。通过事物之间的相关关系，我们可以比以前更容易、更快捷、更清楚地分析事物。

以前人们总是依赖一些传统的经验来想象事物之间的关联性，然后依靠推测搜集信息资料来分析，证明自己的假象，很多时候如果结果和我们预想的不一样，我们不会轻易放弃这条路，因为我们担心可能是收集数据的过程中发生了什么纰漏，可能是数据本身有些问题，而我们不会最先料想到可能是我们假设的前提就是一个错误的方向，在这一来一回的过程中就浪费了很多的时间，这让我们的工作进程受到很大的阻碍。在大数据时代，面对已经难以言语表述的数据，我们过去那一套老方法已经不再可行，怎么可能在海量的数据里面再挑挑拣拣，反复质疑。我们现在手中有着巨大的数据和空前的计算手段，已经不再需要用过去传统想法来简单地进行推导、联想。先进的技术和工具早就可以替代我们的劳动，对事物间的潜在关联一击即中。

这种由点及面、举一反三的关联思想是大数据背景下最重要的思维方式，懂得适应时代而不是抱着旧想法故步自封，才能让我们更准确、更迅速、并且不受偏见地做出最合理的判断。

（四）大学生信息素养在大数据背景下的具体表现

1. 数据挖掘

数据挖掘早在20世纪就问世，是从大量的繁杂没有规律的信息当中挖掘出对使用者有价值的信息的手段。随着大数据时代的到来，越来越复杂的信息数据处理接踵而至，与时俱进提升大学生信息素养的意义更显得重要。

数据挖掘在现有的商业竞争当中表现得非常活跃，特别是在日常的市场销售环节里。我们在销售商品的时候就是一步步挖掘探索用户喜好的过程。当然，随着大数据时代的到来，这门技术更是存在金融、互联网、语音服务等多方面领域，合理地利用数据挖掘技术可以充分发掘潜在的顾客和效益。

而在传统的制造行业里，我们也离不开数据挖掘的技术。每个产品有自己特定的数据分析结果，我们从每个分析的数据结果中找出需要解决问题的信息，对一些有缺陷的产品从数据的源头找出原因，从而能在重点环节进行改造，提高生产效率。

不仅如此，在我们教育行业中，数据挖掘技术也有助于我们对学生生活中的心理状态、上课的情况等等进行统计分析，这样可以优化教育资源的分配以及提高教学的质量。

不可否认，互联网的兴起让数据挖掘大显神威。网络让信息资源的传播有了超乎想象的效率，搜索引擎的辅助以及电子商务平台的创立等让数据挖掘技术能在海量的数据信息里找到用户所需要的信息，甚至预测到可能对用户有用的信息。

2. 信息加工

大数据时代下信息急剧膨胀增长，如何能在采集信息的过程中进行进一步的加工整理，让我们得到新的有用的数据资源，这是我们在新时代急需掌握的。

信息加工依赖创立一套合格的加工系统，对这些收集到的信息进行深层次的再改造，从原先的繁杂资源到细化分类，抽丝剥茧，由最原始的产物创造出最符合标准、最有益的东西，使所有用户从二次加工中得到真正的实惠。这本身就是信息再加工的过程，也是对信息进行升值改造的方式，前提是你要懂得先进的信息技术，能够对信息进行适当的处理，产生新的有效用的信息知识。

互联网给我们带来了很多便捷和很多有用的资源，但它的开放性，让我们也受到其他垃圾信息的侵扰，这就必须要我们懂得筛选辨别。有的收集到的信息杂乱无序，我们就要有对这些孤立零乱的信息进行重新排列组合，去其糟粕。不仅如此，要学会对挑选出的信息进行比较，这样才能使信息更具有使用价值，乃至形成新信息。

信息加工就是考验我们的发散性思维，看透事物固有的本质，不能被事物的表象所迷惑。同时，在面对信息的时候我们不要加入自己的主观臆断，把一些不相关的信息硬是要拼凑在一起，这样反而适得其反。

这就需要信息加工的操纵者有着较高的信息素养，并且要有与时俱进的学习能力，懂得从经验中总结提高，才能不被大数据的浪潮淹没。

3. 信息筛选

大数据时代我们需要拥有的重要素养之一就是懂得对信息进行取舍。对人类而言，掩盖遗忘是很正常的事情，然而数字技术和全球网络的发展让这一常态发生改变，大数据让我们活在了一个很多事情无法遗忘抹去的世界当中。

一些大型的互联网机构把我们的一切都存储在他们的服务器里，而且很理所当然利用收集的这些信息进行一些工作，搜索引擎就是其中一个很明显的例子。像百度，Google，雅虎这样大型的搜索引擎具有的强大的技术让我们利用关键字就可以很快访问所要登录的网站，同时这些企业本身就拥有庞大的信息，在互联网的帮助下这些信息变得互通。当然，这让我们的生活变得很方便，但有时候这些企业掌握的可比我们想象到的多得多。我们每一次的搜索请求都被记录下来，即便是打错了的，每一次查询的结果当然也是记录在案的。这些信息可以和很多相关调查联系起来，可以得到搜索请求的趋势，甚至是几年以后的发展趋势。而通过这些信息和 IP 地址等数据，甚至可以把资料和某个特定的人联系起来。

这就使得我们完全暴露在公众之下。当我们上传一些微博照片或微信朋友圈的时候，或许并没有放在心上，在渐渐遗忘的时候，可能就被别人标记收藏了，就算我们把它们删掉了，企业的服务器里也存在着这些信息。在大数据时代，在大量信息包围之下，懂得取舍，删除不必要的信息至关重要。

（五）大数据背景下信息素养对大学生未来发展影响

1. 当今社会对人才的要求

大学生作为承前启后的栋梁之材，肩负着在这个时代为社会贡献的责任，那大数据时代到底需要大学生具备哪些素养？要做到符合当今时代需求的人才，我觉得首先，是拥有相关技术。其中包括系统、硬件、软件等相关技能的掌握。其次，是拥有与数量相关的知识。包括数学、算法统计等。最后，要拥有足够的业务能力，一定要在专业领域掌握相关知识。

以一些大型企业为例，技术支持从来都是大数据存储的本质，并且不是单纯记录它们，还要懂得适时分析，以及如何分析。

企业在招聘人才进行信息化建设的过程中，对数据进行综合分析已经是迫切的需求，招募更多领域的专业型人才，同时兼备较高的信息素养，拥有信息敏感性的复合型综合人才是立足大数据的根本。

要合理地利用数据信息，这是选择全方位人才的根本，也是重要方法，把最符合岗位素质要求的人选拔到这个岗位上。人才管理过程中，迫切需要一批有了高信息素养，懂得大数据、研究大数据的人，来提升社会科学管理水平。

2. 网络方式的普及

互联网最早出现时是为军事服务的，随着信息化的发展，互联网已经进入生活的每个角落。随着生活水平的提高，原先不太发达的地区甚至农村都已经建设好了网络，互联网走进了千家万户，即便在一些欠发达的小村镇，网络式的推广也布满了街区，利用互联网平台走进生活是现在各大厂商的竞争方向，企业、商家已经将这里作为重要的推广战场。与此同时，像零售、教育、甚至装修和家政服务，也相继推出了在线服务平台，让人们坐在电脑前就能获取想要的专业内容和信息，缩短了客观的时间空间。

在大数据时代，网络已经成了不可或缺的重要平台，具备相关信息素养熟练操作网络，获取资源、利用资源是如今大学生未来发展的必修课。

3. **大数据时代下的机遇**

依托大数据信息，为科学决策提供了有力保证，也提高了决策服务效率。大数据让我们得到了更多的反馈，一件普通的商品出现了问题时我们能够第一时间知道，不用等着问题积累、爆发到不可收拾的时候再去解决。这对大学生来说是要尽快适应的变化节奏，我们不再像过去一样慢吞吞地处理问题，过去的行为放到现在会造成不可估量的巨大损失。

国家与此同时也慢慢提升了对信息建设的重视，越来越多专业的人员被安放到了重要的岗位，也加大了整个产业的投入力度。同时，在社会大数据基础信息建设的同时，可以和国家信息化建设相结合，有了政府的扶持，形成覆盖有线、无线的社交网络，再利用大数据挖掘、分析技术，解决手中面临的问题，这不但提升了服务的质量，更是在大数据时代的难得机遇，为更多还未步入社会的大学生做出了职业引导和商机拓展。

第二章

信息价值与安全

第一节　信息来源

一、常用术语

（一）知识

知识是人们对客观事物的存在和运动规律的认识，是人类在改造客观世界的实践中积累起来的认识和经验的总和。

《辞海》对“知识”的解释是人类认识的成果或结晶，包括经验知识和理论知识。其初级形态是经验知识，高级形态是系统的科学理论。《当代科学辞典》认为，知识是一种特定的人类信息，是整个信息的一部分。

知识提供某种经过思考的判断和某种实验的结果，是信息经过多次反复以及人们的加工整理而序列化后形成的。信息经过人脑的储存、识别、加工、处理及转换等形式而形成知识。人们不仅能通过信息感知世界、认识世界和改造世界，而且能将获得的信息转变成知识，作为认识和改造世界的武器。人类在接收了社会和自然界的大量信息后，通过实践活动和大脑的思维活动，将这些信息结合实践活动进行分析与综合，形成新的认识，这种经过加工、孕育后的信息就成了知识。或者说，知识是同类信息的深化、积累，是优化了的信息的总汇和结晶。从外延来看，知识包含在信息之中。

知识具有实践性、规律性、渗透性及继承性等属性。

（二）情报

“情报”为外来语，来自日语“情报”（Information），主要指“信息、资讯、消息”。“情报”一词最早产生于军事领域，是战时关于敌情的报告，以后在不同的历史时期有着不同的含义。但是，无论情报的内容与形式如何变化，其共同之处就是情报是指为一定目的收集和传递的有特定效用的知识。

在此，可以认为情报是指被传递的知识或事实，是知识的激活，是运用一定的媒体（载体），越过空间和时间传递给特定用户，解决科研、生产中的具体问题所需要的特定知识和信息。它具有知识性、传递性和效用性 3 个基本属性。

（三）文献

“文献”（Literature，Document）一词的定义为：文献是记录有知识的一切载体。在这看似简单的定义中，实际上包含了文献的 4 个基本要素：①记录知识的具体内容；②记录知识的手段，如文字、图像、符号、音频、视频等；③记录知识的物质载体，如纸张、光盘、录像带等；④记录知识的表现形态，如书刊、录音带等。由此可见，人类创造积累的知识，用文字、图形、符号、音频、视频等手段记录保存下来，并用以传播交流的一切物质形态的载体，都称为文献。

在阅读文献时，人们关注的不只是文献的载体和形态，更注重文献中传递的信息、蕴含的知识。文献因载有知识和信息才有存在的价值和意义，而知识和信息因附着于文献这一载体之上，才得以超越时空地保存和传递。

（四）信息、知识、情报和文献的关系

综上所述，人们通过对表征客观世界之客观信息的获取、加工等一系列思维过程，形成了反映客观事物本质和规律的具有主观性色彩的知识，将知识以某种方式系统化地记录于某种载体之上而形成文献。

简言之，信息包括知识、文献和情报，知识、文献和情报三者定义有相似的部分但并不重合。文献可以提供信息、知识和情报，但信息、知识和情报获得的方式并不完全是文献。信息是情报和知识的载体，情报是特指的专业信息。知识是信息的内核，是信息中的精华部分，信息的价值取决于其精华部分的价值。如果说信息是食物，那么知识则是食物中的营养成分。知识依存于信息，信息经过提炼和加工可成为知识；知识组织最终要通过信息组织方式来实现。信息是原料，经过人类的认识活动，成为已知的知识；而被传递、被激活的有用的信息就是情报。

二、文献信息资源

文献信息资源是指用一定的记录手段将系统化的信息内容存储在纸张、胶片、磁带、磁盘和光盘等物质载体上而形成的一类信息资源。换言之，文献信息资源就是指包含信息的各种类型的文献。文献的基本功能是存储与传播信息。文献是社会信息交流系统中重要的成分之一，它是社会文明发展历史的客观记录，是人类思想成果的存在形式，也是科学与文化传播的主要手段。正是借助于文献，科学研究才能得以继承和发展，社会文明才能得以发扬光大，个人知识才能变成社会知识。文献信息资源是人类最丰富、最宝贵的信息资源，也是信息量最大的一种信息资源。文献信息资源按照不同的划分方法，可以分为不同的类型。

（一）按载体形式划分

1. 印刷型信息资源

印刷型信息资源是传统的、常见的信息资源，指通过油印、铅印、胶印等各种印刷手段将信息记录在纸张上的信息资源。其特点是使用方便、易于携带和阅读，但体积大、不易整理和保存。

2. 缩微型信息资源

缩微型信息资源包括缩微胶卷、缩微平片等，指利用光学技术将信息记录在感光材料上的信息资源。其特点是体积小、易保存、存储密度高，但它的使用需要专门的设备和环境。

3. 声像型信息资源

声像型信息资源包括唱片、录音带、录像带、电影、幻灯片等，是通过专门的设备，使用声、光、磁、电技术将信息以声音、图像等形式记录下来的信息资源。其特点是直观形象，但需要专门的设备。

4. **电子型信息资源**

电子型信息资源也称电子资源，是以数字方式将图、文、声、像等信息存储在磁、光、电介质上，通过计算机、网络或相关设备使用的记录有知识内容或艺术内容的信息资源，包括电子公告、电子图书、电子期刊、数据库等。如果这些电子信息资源能够在互联网或局域网内检索，那么也被称为网络信息资源。

（二）按出版类型划分

文献类型可以分为：普通图书、会议录、汇编、报纸、期刊、学位论文、报告、标准、专利、数据库、计算机程序、电子公告、档案、舆图、数据集及其他。下面对常见的文献类型加以说明。

1. **图书**（Book）

图书是一种成熟而稳定的出版物，是对已有的研究成果、生产技术、实践经验或某一知识体系的概括和论述。它的特点是内容全面系统、观点相对成熟，但它的出版周期较长，报道速度慢，具有相对滞后性。图书是传播知识、教育和培养人才的主要工具。

2. **期刊**（Serials，Periodical，Journal，Magazine）

期刊是一种有固定名称、有一定出版规律的连续出版物。其特点是出版周期短、报道速度快、数量大、内容丰富新颖，能及时反映当代社会和科技的发展水平和动向，因此，期刊是科研人员进行研究不可缺少的信息资源。

3. **报纸**（Newspaper，Paper）

报纸是一种出版周期最短、发行量最大的出版物，它报道的内容极为广泛，和人们的生活息息相关，是人们日常生活中最常接触到的信息资源。报纸的信息具有极强的时效性，信息量大，这也造成报纸查找的不便。

4. **会议文献**（Conference Document，Conference Paper）

会议文献是指发表在各种学术会议上的论文和报告。其学术性很强，往往反映了当前的学科进展和发展动态，是获取最新信息的重要来源。

5. **学位论文**（Dissertation，Thesis）

学位论文是指高等院校或研究机构的毕业生和研究生为取得学位而撰写的论文，它的级别可分为学士论文、硕士论文和博士论文。尤其是博士论文，具有一定的创造性，所论及的内容较为专深，对科研、生产和教学有较大的参考价值。

6. **专利文献**（Patent Document）

专利文献是指与专利制度有关的所有专利文件，包括专利说明书、专利公报、专利分类表、专利检索工具以及专利的法律文件。其中，专利说明书是主体，它具有统一编号、数量大、内容丰富新颖、实用可靠以及报道迅速等特点。

7. **科技报告**（Science & Technical Reports）

科技报告是科技人员从事某一专题研究所取得的成果和科研进展的实际记录。其特点是反映新技术较快，内容比较专深新颖，数据比较可靠，保密性较强，有相当一部分科技报告不公开发行。科技报告每份单独成册，有专门编号用以识别报告类型及其主持机构。

8. **标准文献**（Standard Literature）

标准文献是描述有关产品和工程质量、规格、工艺流程及其测试方法等的技术文件，是一种经权威机构批准的规章性文献，具有一定的法律约束力。

9. **产品资料**（Product Literature）

产品资料是国内外生产厂商或经销商为推销产品而印发的商业宣传品，按其内容性质大体上可以分为产品目录、产品样本、产品说明书等。该类文献直观性强、数据翔实，是宝贵的科技信息资源、商贸信息资源和竞争情报资源。

10. **技术档案**（Technical Records）

技术档案是科研部门在生产建设和技术活动中形成的具体工程对象的技术文件、图样、图表、照片、原始记录或其复制品。其内容包括任务书、审批文件、研究计划、技术指标、技术措施、调查材料、设计计算和工艺记录等。它是科研和生产建设中积累经验、提高质量的重要依据。此类文件具有明显的保密性和内部控制使用的特点。

11. **政府出版物**（Government Publication）

政府出版物是各国政府部门及其所属机构所发表的各类文件，主要包括行政政策性文件和科技文件两种。

（三）按加工层次划分

1. 一次文献

一次文献是以作者本人的科研工作成果为依据而创作的原始文献，如专著、期刊论文、科技报告、会议论文、专利文献和学位论文等，具有新颖性、创造性和系统性等特征，参考和使用价值较高。但由于其量大、分散而无序，给读者的查找和利用带来极大的不便。

2. 二次文献

二次文献是将大量无序、分散的一次文献收集、整理、加工、著录其特征（如著者、篇名、分类、主题、出处等），并按一定的顺序加以编排，形成供读者检索所需一次文献线索的新的文献形式。这种工具性文献包括目录、题录、文摘、索引及相应的数据库，因其具有检索功能而称为检索工具或检索系统。

从上述定义的引申来看，二次文献信息是关于文献的文献、关于信息的信息，有时也称为二次信息。百度、Google 等搜索引擎是各种数据和网页的信息集合，其功能作用等同于上述二次文献。提供网上信息资源检索和导航服务的专门站点或服务器，它同样是对采集到的网上信息进行加工整理，建立起存储和管理网络信息的索引数据库，为用户提供网络信息检索导引。

相对于一次文献而言，二次文献是从分散到集中、从无序到有序、从繁杂到简约，因而具备了可查检的便捷性，用以解决读者查阅所需特定文献线索的问题。知识和信息的散乱无序性与用户使用的特定选择性之间的矛盾，一直是困扰学者学术生涯的一道永恒的难题，在知识爆炸、信息泛滥的今天，这个矛盾愈加突出，仅靠“学海无涯苦作舟”的勤奋和坚韧，实难登上光辉的彼岸，唯有驾驭好二次文献这一叶方舟，方可自由荡漾于知识和信息的海洋。正因为如此，包括网上检索工具在内的二次文献及其利用，也就成为信息检索课的核心内容。

3. 三次文献

科技人员围绕某一专题，借助于二次文献，在充分研究与利用大量一次文献的基础上，经过阅读、分析、归纳、概括而撰写成的新的文献即三次文献。它们或综述已取得的成果进展，或加以评论，或预测发展趋势，形式有综述（Review）、述评（Comment）、进展（Advance，Progress）、现状（Update）、发展趋势（Trend）等期刊文献和百科全书、年鉴、手册等参考工具书。许多学术期刊上均辟有综述栏目，而且出版专门刊载三次文献的综述性期刊也越来越多。

与一次文献的产生有所不同的是，三次文献是以现有一次文献中的知识信息为基本研究素材，对其进一步加工、整理、重组，使之成为更加有序化的知识信息产品。但由于同样融入了作者的智力劳动，所以和一次文献一样同属智力产品，因而使三次文献具有信息含量大、综合性强和参考价值大等特点，可使读者不必大量阅读一次文献，就可借此比较全面地了解某一专题、某一领域当前的研究水平和动态。当学者面临知识和信息的海量无限性与其时间精力的相对有限性这一困扰时，三次文献不失为一条最佳捷径。

4. **零次文献**

零次文献指未经信息加工，直接记录在载体上的原始信息，如实验数据、观测记录、调查材料等。这些未融入正式交流渠道的信息，往往反映的是研究工作取得的最新发现，或是遇到的最新问题，或是针对某些问题的最新想法，等等，而这一切无疑是启发科研人员的思路、形成创造性思维的最佳思维素材。

三、信息源的变迁

互联网使得信息的采集、传播的速度和规模达到空前的水平，实现了全球的信息共享与交互。现代通信和传播技术，大大提高了信息传播的速度和广度，克服了传统的时间和空间障碍，将世界更进一步地联结为一体。数字化信息资源开始占据主流位置，社交网络、自媒体、全媒体化的出现，使得信息来源更具便利性、多样性和复杂性，对人们的信息获取、利用、交互、创造等信息活动全过程都产生了巨大的影响。

上述因素和变化使信息源也产生了极大的变化，包括：信息资源数字化不断推进；各种数据类型日益整合；出现了很多大型数据库商；信息来源日益多元化；搜索引擎占据着信息入口的重要位置；非营利组织在信息采集和提供方面做了大量工作；免费资源不断增多，为人们的利用带来了极大的方便；Web2.0 催生了各种新技术的应用；对知识和信息的搜索、揭示已经可以深入知识单元；信息巨量使得一站式搜索和获取势在必行；面向移动环境、移动端的信息应用日益发展，广为人们

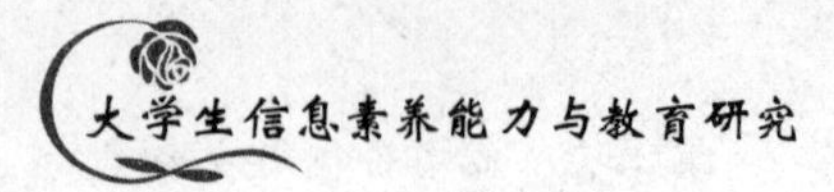

所喜爱和接受；信息资源与信息服务更为密切地结合，很多时候兼二为一。

四、文摘和综述

二次文献是人们对一次信息源进行加工、提炼或压缩之后得到的产物，它是人们为了便于管理利用一次信息源而编制和累积起来的工具性文献，这种工具性文献包括目录、题录、文摘、索引等。三次文献是对有关领域的一次信息源和二次信息源进行广泛深入的分析、综合后得到的产物，如各种综述、述评、学科总结、百科全书、年鉴、手册、文献指南等。

（一）目录

目录（Bibliography）是一批相关文献的著录集合，用以报道文献的出版信息或收藏信息。目录通常以一个完整的出版或收藏单元（如一种书、一种刊等）为著录的基本单位，即以文献的“种”“本”或“件”为报道单元。它对文献信息的描述比较简单，以图书的目录为例，每个记录条目的著录项（Elements）有：书名、卷（期）数、作者、出版地、出版社、出版时间及收藏情况等。

常用的目录包括馆藏目录和联合目录。图书馆的藏书目录，也称馆藏目录，是反映某个图书馆的藏书情况，帮助进馆读者查找和借阅图书的工具。

联合目录，是指由一批图书馆合作编制的综合反映各成员馆书刊收藏情况的目录，如图书联合目录、期刊联合目录等。它在开展馆际互借、实现信息资源共享和充分发挥众多图书馆的整体作用等方面有重要的用途。读者可以利用它来了解某一国家或地区的信息资源分布情况，比如 CALIS 联合目录公共检索系统。

（二）题录

题录是将期刊、报纸等文献中的论文和文章的篇目或者图书中的章节，按照一定的排检方法编排而成，供人们查找篇目出处的工具。题录通常按“篇”报道，具有广泛、全面、快速的特点，一般按照论文或章节的名称顺序排列。师录单条记录的著录项通常包括篇名、著者（或含其所在机构）和原文出处等。

题录记录是描述某一特定文献的外部特征的一条记录，它为人们了解有关文献的存在情况和鉴别出版物提供简略的数据或信息。它与文摘的主要区别是：文摘不仅要对文献的外部特征做出完整的描述，而且还要对其内容特征作简要的描述。而题录只描述文献的外部特征，对文献的分析只限于表层，缺乏深度，故简短易作。在文摘款目中，题录是其中的一部分。

（三）文摘

文摘（Abstract）是以最简练的文字概括文献的特征，不仅描述文献的外表特征，而且还揭示文献的内容特征，是带有摘要内容的、扩展了的题录。

根据摘要内容的详细程度，文摘可分为：①指示性文摘，是原文的简介，一般在 100 字左右，有的仅一句话。②报道性文摘，是原文的浓缩，一般在 200～300 字左右，或更多字数。基本上能反映原文的技术内容，信息量大，参考价值高。

（四）索引

索引指将文献中具有检索意义的事项（可以是人名、地名、词语、概念或其他事项）按照一定方式有序编排起来以供检索的工具。

在手工检索工具中，通常是将书刊中的内容或项目分类摘录，标明页数，按一定次序排列，附在一书之后，或单独编印成册，以便读者查阅。在数据库等检索工具中，索引是对数据库表中一列或多列的值进行排序的一种结构，使用索引可快速访问数据库表中的特定信息。

（五）综述与述评

综述是对某一领域或课题的有关文献进行归纳、整理、分析、加工制作后形成的一种综合报告，系统阐述该领域的内容、意义、历史、现状和发展趋势。

综述又称综述报告或文献综述。它的主要特点是，作者主要对现有文献作客观的归纳和综合，一般不加以评论，资料搜集的比较全面，讨论的问题比较集中、具体，其主要读者是研究人员、管理决策者。

述评是对某一领域、研究课题或成果的水平、现状、发展动向及影响进行全面系统的分析评价。其内容一般包括三部分：综述部分、分析评价部分、建议或意见部分。一般先交代问题的原委，继而对现有文献资料进行分析归纳，对有关的理论、假说、技术方法或成果加以审议和对照比较，从中提炼出新的概念和信息。它既是现有知识的综合，又有评价和预见。其主要特点是，强调作者在综述的基础上要提出自己的观点、看法和评价意见。

综述和述评具有信息整理、鉴别和压缩传递以及预测功能。其作用主要表现在：①帮助人们了解有关领域的发展概况和趋势，用很小的代价获得最重要的信息源；②为确定研究方向和课题、制订各种计划和策略提供比较可靠的依据；③为科学评价研究成果提供参考依据。同时，还应当注意，综述和述评是经过多次加工压缩的情报，其内容的可靠性和观点的科学性必然会受到作者学识水平和心理素质的制约，不能盲目相信和过分依赖这种信息源，不能完全用它代替一次信息源和二次信息源。

第二节　信息价值

一、信息价值内涵

通常，事物所具有的能够满足人类某种需要的属性叫价值。信息的价值，一般被看成它的实用属性，即对信息使用者来说，信息对达到具体目标的有益性。信息的价值既决定于用户对信息需要的程度，也决定于能否充分发挥其作用。只有既需要而又能发挥其作用的信息，才是有价值的。

信息是有价值的，但必须通过信息管理者的行动才能实现。信息的价值有伸缩性，可能很大，也可能很小，还可能是负价值，关键看信息管理者如何行动和采取行动的时间。信息的价值可能是直接的，针对某个信息采取了行动就能取得效益；也可能是间接的，需要对信息进行处理后才能发现其价值。例如，每天的商业广告可能没有直接价值，但长期积累、分析就可以看出商品的生产、供应形势等重要信息。

这里的“价值”是一个十分模糊的概念。一般来说，人们难以决定某一信息价值的大小，因而有必要对“信息价值”做进一步探讨。因为价值决定使用，所以这一探讨又具有重要的实际意义。

（一）信息的总体价值（绝对价值）与使用价值（相对价值）

讨论信息的价值，要有明确的对象及条件：一方面，信息对于任何观察者都具有同一数值的绝对性；另一方面，对于不同的接收者，又具有不同数值的相对性。并且，同一信息对同一用户的价值也会随时间的变化而变化。讨论信息的价值须在一定的范围内进行。

向他人提供的信息，必须适合其知识结构，因为这是信息使用者有可能了解该信息的正确性和成熟性的一个条件。这就是说，要从用户对信息的认识角度来讨论信息的价值。

1. 信息的总体价值

信息的总体价值又称为信息的绝对价值或总体使用价值，按米哈依诺夫的说法，它是从绝对真实的社会认识角度来讨论的信息价值，而不是考虑完全由利用这一信息的具体条件和对象所决定的具体价值。这一价值只能用全人类的认知结构进行衡量。

2. 信息的使用价值

信息的使用价值可称为信息的相对价值，它是信息对于某一用户的利用价值，即以用户的认知结构来衡量的用户的信息交流与信息利用价值；同时，这一价值还受用户使用条件的限制。可见，同一信息尽管总体价值是一定的，然而对于不同的用户，在不同的使用条件下，它却有不同的使用价值。

（二）信息的总体价值（绝对价值）与使用价值（相对价值）的关系

信息的总体价值（绝对价值）与使用价值（相对价值）存在一定的关系。一般来说，信息的绝对价值不大，则对于多数用户的相对价值亦不大。这是由于绝对价值是对于社会整体而言的，而相对价值是对于组成社会的每个个体而言的。值得注意的是，信息的价值（包括总体价值和使用价值）是一个变量，它随着人类社会及用户个体认知结构的变化而变化。

事实上，用户对信息的认知是吸收信息的先决条件，而信息对用户的作用将改变用户的认知结构，由此体现信息的价值。在认知过程中，主体（用户）获得的代表外部环境的表象，如同地图可以代表地形图一样，将作用于主体（用户）的头脑。如果主体（用户）对此是未知的，将扩充其认知结构：如果是部分未知的，将部分改变认知结构。

以上所说的认知，包含了“认识”与“知识”。科学信息作用于用户，其主要作用是改善用户的知识结构：一般消息型信息，由于并不一定扩充用户的知识，其主要作用是向用户提供未知的消息，改变的是用户对信息所反映的事件的认识。因此，我们说认知结构具有两方面含义。

二、信息价值的量度

信息总体价值与使用价值的测量是一个复杂的问题。从理论上看，信息的价值可以用使用者（社会大众、团体或个体用户）的认知结构来衡量。对于科学信息而言，主要用“知识结构”来衡量。事实上，客观知识结构就是一个精干的信息库，用户使用科学信息的目的是扩充“知识库”。为了理解和进一步利用科学信息，用户应具有一定的知识储备。这一知识储备可以用“词库”来描述，即用“词库”来表示人们的知识结构。

（一）信息使用价值的变化

信息的使用价值包含它的实际使用价值和潜在使用价值两部分。信息使用价值的变化，一是信息价值中的实际使用价值与潜在使用价值之间的转化，二是信息使用价值的衰减。

1. 信息的实际使用价值与潜在使用价值的转化

信息的实际使用价值简称为实用价值，是指在目前条件下它对于用户的使用价值；而用户目前不能利用的信息实体所具有的使用价值称为信息的潜在使用价值。显然，信息的实用价值和潜在使用价值都属于信息的使用价值。如果某－信息对于用户既存在目前可以利用的部分，又存在暂时还不能利用的部分，那么该信息便同时存在实用价值和潜在使用价值，二者的和即为使用价值。

这里需要注意的是，信息对于用户的实用价值并不是用户利用信息以后才存在的，而是对于用户固有的一种当前实用价值，其由用户的知识结构和使用条件决定。

信息对于用户的实用价值和潜在使用价值可以互相转化。例如，人类历史上一些重大的科学发明无疑对于科学界有着巨大的使用价值，但由于当时各方面条件的限制却没有立即被人们利用的可能，因此在相当长的时期内表现为潜在使用价值，直到人们具备吸收这些信息的条件时，其潜在使用价值才转化为实际使用价值。对某一用户而言，信息的实用价值也可能转化为潜在使用价值。

某一信息对于用户具有实际使用价值的条件主要包括两个方面：①充分条件。其主要指用户的知识结构和水平与信息内容相匹配的条件，即用户具有使用信息的能力；此外，用户的心理在客观上应与信息相适宜。②必要条件。信息内容应包括在用户的信息需求之中；同时，用户具有接触信息的可能性。

上述两个条件也适用于信息的潜在使用价值向实用价值转化的过程。

2. **信息使用价值的衰减**

一般说来，任何信息问世以后价值都会逐渐减少，这种信息价值逐渐减少的现象可称为信息使用价值的衰减。

价值衰减的一种情况是信息使用后的价值减少。信息一经用户使用，其使用价值将会发生变化：如果被所有用户完全吸收，总使用价值将变为零。信息要被所有可能的用户利用，信息要被利用它的用户完全吸收。实际上，任何信息都不可能在运动过程中完全满足这两条，即使是消息，经用户使用后可能仍保持一定的参考价值。因此，我们说信息的总体价值会逐渐减少，直至趋于零。

此外，还存在多种形式的衰减，包括：信息经过用户使用后，其使用价值逐渐衰减；信息未经使用，但为新的信息所超越；信息内容已经包含在其他更新的、更适用的信息之中：用户通过其他途径改变了自己的知识结构；信息所属学科或领域的地位下降：信息内容过时（特别是消息性信息）。

信息使用价值的衰减是一种客观规律，是自然界和社会发展规律的体现。半衰期和普赖斯指数可用作衡量指标。

（1）半衰期

1960 年，巴尔顿和凯普勒从用户使用科技文献的角度出发，提出了科技文献半衰期这一科技文献价值衰减的指标（或称科技文献老化指标）。“半衰期”的概念来源于放射性物质核衰变的研究，其定义为放射性元素的原子核因衰变而减少到原来的一半所需要的时间。应用于文献研究中表示现在被利用的全部文献的一半的最近发表时间。例如，假设目前用户所使用的 50% 左右的物理文献是在最近 4 ~6 年发表的，则物理文献的半衰期为 4 ~6 年。半衰期还可以反映信息价值衰减的速度，因而可以直接用来描述信息使用价值的衰减情况。可以通过统计用户所需文献信息的数量，粗略地计算某领域信息的半衰期；同时，也可以采用跟踪调查法，直接估算某些具体信息的半衰期。

（2）普赖斯指数

D. 普赖斯建议引入另外一个衡量各种知识领域的文献老化指标。他认为，“有现时作用”的引文数量与“档案性”引文数量的比例是比引文的“一半生命期”更重要的特征。于是，他将发表时间少于5年的文献引用数量与总的引文数量的比例作为一个指数。该数值可以用来表示某一学科领域、某一期刊、某个研究所，以至于某人的某一篇文献的价值变化。“档案性文献”的普赖斯指数的数值范围为22%~39%，“有现时作用”的文献则为75%~80%，各学科的总平均值为50%。普赖斯指数显示了文献的利用情况。由于它的广泛适用性，该指数可以用来描述任何信息的使用情况和价值变化。

（二）信息实用价值的分析

信息实用价值即信息价值中的实际使用价值，其定性分析包括以下三个方面。

1. 信息正确性与可靠性的分析

信息（特别是科技信息）的正确性与可靠性是衡量它有无价值的必要条件，某一信息如果缺乏这两个方面就失去了使用价值。在信息的正确性与可靠性分析中可采用逻辑思维的分析方法。

2. 信息水平的衡量

对于信息的水平，很难用一个统一的标准去衡量，在一般情况下应注意以下问题：信息产生时间，内容的新颖程度，在某领域的地位，总体利用情况。

3. 信息对于用户的适用性分析

信息对用户的适用性是确定其实际使用价值的重要标准，对此可进行相应研究：分析信息所含知识与用户知识结构的关系，确定信息与用户目前工作的相关性，分析信息对用户可能产生的作用，分析用户的心理状态对吸收信息的影响。

三、信息价值的评估

在信息获取的过程中始终伴随着如何鉴别与评价信息的问题。纷繁复杂的信息世界很容易扰乱人们的注意力，因而，有效地鉴别与评价所获得的信息，对人们来说尤为重要，这是利用信息的前提。当前信息传播渠道和信息媒体类型呈多样化，人们基于信息需求和使用环境对所获得信息资源的可靠性、权威性、有效性及学术价值等进行评价是普遍的信息活动。

网络上分布着海量的学术文献，显然，并非所有资料都完美无瑕，也并非都能对研究者提供有益的帮助。对于研究者来说，能否获得有学术价值的文献资料，对是否能在高起点上进行研究至关重要。一般而言，评估与判断信息的价值，可以从信息的来源、信息的价值取向以及信息的时效性等多个方面对信息价值进行判断。我们需要了解对信息进行鉴别和评价的基本原则和方法，学会以批判性思维和眼光进行评估，使得信息能够为我们创造财富。

（一）信息鉴别与评价的基本认识和知识技能

第一，信息内容的可靠性与权威性与信息源和生产者相关。

第二，研究、创造、修改和传播信息的过程不同，生产者专业水平的差异，都会影响最终的信息产品价值和权威性。

第三，不同使用者对于信息价值的判断是有差异的，信息价值的评价标准并非唯一。比如，一份提供了购书网站潜在客户的名单，对于经营图书音像类产品的企业是有价值的；而对于一个餐馆业主来说，价值基本上为零。信息仅对能满足其期望的人有价值可言。

第四，不同使用情境也产生不同的评价结果。

第五，能够对不同阶段、不同呈现形式的信息产品的价值质量做出判断，并结合自身信息需求，选择利用各种信息中间产品或最终产品。

第六，认识到权威是一个学科或团体内被认可或起重要作用的影响因素，了解如何去确认权威，会使用相关的标准、指标等研究工具去寻找、发现权威的观点和意见，同时对产生权威的体系及其创建的信息持保留态度，了解可能影响信息价值判断的相关因素，如出版物类型、作者资质、不同的思想流派和学科范式等，并意识到为树立和形成自己的权威声音，在信息生产过程中应努力承担相关责任，包括追求准确和可靠、尊重知识产权和学术规范等。

（二）信息鉴别与评价的行为方式和常用方法

认识到对信息内容做客观评估的重要性，激励自己找到权威的信息来源；在做信息评估时要有批判精神，能意识到自己的认识角度、世界观和可能的偏见会对评估产生影响；敢于质疑传统的价值判断标准，对权威保持开放心态，尊重多元价值观，包容不同观点；经常对自己的信息评价态度和行为进行自我反省；努力发现与信息创造过程相关的信息产品的特点，重视找到与信息需求相匹配的适当的信息产品形式。

1. 从信息的来源鉴别信息

①看信息来源是否具有权威性，是否真实可靠。②查看信息的来源，判断信息的要素是否齐全。③使用逻辑推理、查阅、调查的方法进行考证和深入的调查。④信息的来源是否来自权威部门。⑤判断信息中涉及的事物是否客观存在、构成信息的各种要素是否真实，与同类信息进行比较。⑥研究此信息是否具有代表性、普遍性。⑦实地考察。⑧学会分析和鉴别，去其糟粕，取其精华。

2. 信息是否具有时效性

在信息来源都可靠的前提下，还要判断信息的时效性。判断方法如下：

①对突发性或跃进性的事实，在第一时间内做的报道，具有很强的时效性。②渐进性的事实，应在事实变动中找到一个最新、最近的时间点来判断时效性。③过去发生的事实、新近才发现或披露出来的事情，可以通过说明自己得到信息的最新时间和寻根探源的方法加以弥补。

3. 从信息的价值取向、情感成分进行判断

信息对于每个人的价值各不相同。社会角色不同、知识背景不同、生活经历不同等决定了信息的价值取向的多样性。一个人不可能接受所有的信息，他只关心与自己相关的信息，因为这些信息对于他来说是有价值的。在日常生活中所获取的信息对于我们来说，有的有用，有的无用；有的真实，有的虚假。

4. 对信息的可信度问题进行研究判断

21 世纪对于信息的需求量之大，是之前任何时代都无法想象和比拟的。政府需要统计资料来进行宏观调控，工厂需要市场数据来规划生产，人们需要医疗信息来保障健康。正确的信息帮助人们更好地生产和生活，错误的信息导致人们出现意外和损失。因此，区别信息的真伪、确定信息的可信度，是一个重要的和广泛的话题。计算机领域、人因学领域、心理学领域等各领域的专家和学者从20世纪就开始进行大量和深入的研究。

就像一个可信的人是因为诚实、慎言和拒绝欺骗而使他人信服一样，一条可信的信息也应该因为它没有歧义、偏颇和失实而令人能够信服。可信度的对象通常是信息源、信息结构和内容以及传播的媒介。

5. 对于学术论著的一些判断方法

（1）查阅学术论著（常指图书或论文）的序言和介绍

在论著中，作者往往要介绍写作目的，同时也会指出读者对象。通过阅读序言和介绍，读者可以了解该论著是汇总过去的研究成果还是阐述新观点，是否能帮助读者更好地了解研究的领域。通过阅读文章的序言，读者可以发现作者的写作目的，有些是在进行某一领域中已出版文献的总结、评论和综述，这类学科综述大部分可用作二手资料来源。有些作者是为了检验或者发展一套新理论或新方法。如果这类论著发表在著名的学术刊物或由权威出版社出版，即使理论上存在争议，也应当受到读者的重视。还有一些作者的写作目的可以是复制以前的研究，以寻找类似的或截然不同的结论；可以是修订或改编一种尺度或其他的研究标准；也可以是检验现有理论的一小部分。这些研究虽然都是重要且受到高度重视的，但传统上都会认为比起那些引进或发现新的理论和研究标准的研究来说水平要低一些。论著的序言和介绍可以告诉读者它的研究范围和潜在价值。

（2）评价论著的方法和数据

一本有价值的图书、一篇有水平的论文所应用的研究方法应该非常清楚详细，数据应该准确无误，成果应该是明显的。如果研究方法含混，数据有明显差错，可信度就会大大降低。

（3）评价论著的时效性、地域性

有些学科领域的研究会带有很强的时代特征、地域特征，当收集到一些研究资料以后，一定要注意这些资料产生的年代背景及国家地区背景，因为学科领域在全世界的发端、流传与发展并不平衡，有些研究可能还带有浓厚的本土化特色。因此，要注意分析。

(4) 了解作者的背景和资格

了解、查证作者过去的出版发表记录。要查清楚在这一领域中，该作者还有哪些论著，哪些人曾引用他（她）的作品，是这一领域的专家还是年轻的学者，所在的机构，等等。这些背景资料，也有助于我们用于判断论著的价值和质量。

第三节 信息规范

一、学术写作中的引用规范

任何研究和创新都以前人研究为基础，在学术论文写作中都会引用他人文献，那么，如何引用才是合理规范的呢？人们也越来越意识到引用的伦理规则的重要性。

（一）学术引用应体现学术独立和学者尊严

作为学者，在学术写作的过程中，应当在各个环节遵循学者的职业伦理，需要对学术研究事业心存虔敬。在引用环节上，所有征引文献都应当受到必要的质疑，而不是当然的真理。

（二）引用必须尊重作者原意，不可断章取义

无论是作为正面立论的依据，还是作为反面批评的对象，引用都应当尊重被引用者的原意，不可曲解引文。当然，从解释学上看，确实不太容易。首先是作者表意的过程是否能够曲折妥帖地达到原初目的，接下来的问题是，任何理解都是在读者与文本之间的互动中产生的，读者本身的价值预设会投射到文本之上，使得文本相同，意义却因人而异。

人可以运用理性，人与人之间可以通过研究、交流而产生理解。时间的流逝可以带来后人解读前人文献上的困难，不过，时间也能够带来某种知识的确定性，随着解读者的增多，一些误解逐渐祛除，作者的真意终究可以为人们所认知。况且，以尊重作者原意的心态进行引用会带来人们对被引用者的同情理解，减少误读曲解，

这也是没有疑问的。

（三）引注观点应尽可能追溯到相关论说的原创者

建立在前人研究基础上的新作，需要对于此前研究尤其是一些主要观点的发初、重述或修正过程有清晰的把握；否则，张冠李戴，不仅歪曲了学术史的本来面目，而且也可能使得相关思想学说本身在辗转之间受到歪曲。其实，对于思想或学术谱系的认真梳理、清楚地区别原创与转述，是一个研究者的基本功，通过引文，写作者的这种基本功是否扎实往往可以清楚地显示出来。

（四）写作者应注意便于他人核对引文

不少文献存在着不同版本，不同版本之间在页码标注甚至卷册划分上并不一致。因此，如果引用者不将所引文字或观点的出处标示清楚，势必会给读者核对原文带来不便。

（五）应尽可能保持原貌，如有增删，必须加以明确标注

为了节省篇幅，或使引文中某个事项为读者所理解，引用者可以进行一定限度的增删。通常增加的内容应以夹注的方式注明，删节则通常使用省略号。删节之间，引用者应留心避免令读者对引文原意产生误解。

（六）引用应以必要为限

学术研究须具有新意，引用是为了论证自家观点。因此，他人文字与作者本人文字之间应当保持合理的平衡，要避免过度引用，尤其是过度引用某一个特定作者，势必令读者产生疑问："为什么我不干脆直接读原著呢?"当然，对于研究对象特定于某种文献或只能依赖某种文献的写作者，这种"专项"引用便是不得已之事。

（七）引用已经发表或出版修订版的作品应以修订版为依据

在作品发表之后，作者又出修订版，或者改变发表形式时（如论文收入文集）做出修订，这在学术著作史上都很常见。修订，意味着作者对于原来作品的观点、材料或表述不满意，因此代表着最近作者的看法或思想。不过，这条规则有一个限

制，如果引用者所从事的恰好是对于特定作者学说演变的研究，则引用此前各种版本便是必要的。

（八）引用未发表的作品须征得作者或相关著作权人的同意，并不得使被引用作品的发表成为多余

学术研究中经常需要引用尚未公开发表的手稿、学位论文、书信等。除非只是提供相关文献的标题、作者等技术信息，否则对于正文文字的引用必须征得作者或著作权人的同意，这是为了确保尊重作者对于某些不希望披露的信息的权利。尤其是私人书信，不经同意的发表足以侵犯我国民法所保障的隐私权，引用时更需慎之又慎。另外，由于引用可能先于被引用作品的发表，过度引用也可能导致原作内容过分公开，从而损害被引用作品发表的价值，因此有必要对此类引用作较之引用已发表作品更严格的限制。

（九）引用应伴以明显的标识，以避免读者误会

通常引用有直接与间接两种，直接引用需要使用引号，间接引用应当在正文或注释行文时明确向读者显示其为引用。引用多人观点时应避免笼统，使读者可以清楚区分不同作者之间的异同。直接引文如果超过一定数量，则应当指示排版时通过技术方式使其更清晰地显示出来。

（十）引用须以注释形式标注真实出处，并提供与文献相关的准确信息

引用时的作伪常常表现为注释中的出处信息的虚假，例如掩盖转引，标注为直接引用。另外，近年来一些作者引用译著时喜欢引中文版却标注原文版。边码（边白处标注的原著页码，以便读者核查原文和利用索引）使在注明出处时作伪更加方便。将转引标注为直引，将自译著的引文标注为来自原著，不仅是不诚实的表现，而且也是对被转引作品作者以及译者劳动的不尊重。

二、参考文献的著录规则

国家标准 GB/T 7714—2015《信息与文献参考文献著录规则》2015 年 5 月 15 日发布，2015 年 12 月 1 日起实施。该标准规定了各个学科、各个类型信息资源的参

考文献的著录项目、著录顺序、著录用符号、著录用文字、各个著录项目的著录方法以及参考文献在正文中的标注法，适用于著者和编辑著录参考文献。

（一）顺序编码制和著者—出版年制

参考文献表可以按顺序编码制组织，也可以按著者出版年制组织。引文参考文献既可以集中著录在文后或书末，也可以分散在著录页下端。阅读型参考文献著录在文后、书的各章节后或书末。

顺序编码制是按正文中引用的文献出现的先后顺序连续编码，将序号置于方括号中。在论文正文中引用文献的作者姓名或成果叙述文字的右上角，用方括号注阿拉伯数字，依正文中出现的先后顺序编号。如果顺序编码制用脚注方式，则序号可由计算机自动生成圈码。参考文献表采用顺序编码制组织时，各篇文献应该按正文部分标注的序号依次列出。顺序编码制为我国科学技术期刊所普遍采用。

正文引用的文献采用著者-出版年制时，各篇文献的标注内容由著者姓氏与出版年构成，并置于“()”内。参考文献表采用著者—出版年制组织时，各篇文献首先按文种集中，可分为中文、日文、西文、俄文、其他文种五部分：然后按著者字顺和出版年排列。中文文献可以按著者汉语拼音字顺排列，也可以按著者的笔画笔顺排列。

（二）数字对象唯一标识符

在著录项目的设置方面，为了适应网络环境下电子资源存取路径的发展需要，标准新增了“数字对象唯一标识符”，以便读者快捷、准确地获取电子资源。

数字对象唯一标识符（Digital Object Identifier，DOI），是针对数字资源的全球唯一永久性标识符，具有对资源进行永久命名标志、动态解析链接的特性。

三、信息活动的权利和义务

我们每个人不仅是信息的消费者，同时也是信息产品的生产者和信息市场的贡献者。一方面通过网络和各种渠道获取信息，另一方面通过各种方式不断地生成和发布信息。在从事信息活动的过程中，应该理性地认识到信息活动的权利和义务。

（一）信息和知识是自由的，但并不意味着毫无约束

信息和知识是自由的，网络访问和使用也有很高的便利性和自由性，但这并不意味着人们在信息活动过程中是毫无约束的。这里有一个前提，即秉持学术自由精神以及严格的自律及道德约束。学者可以自由教授内容、交流观点和看法，同时，学术自由也是一个具有争议性的话题，即在实践中存在如何把握好尺度的问题，因此，在实践中有一定的限制。

人们需要学术自由，同时也需要应有的学术严谨态度和学术自律。当前，我国正在积极建设法治社会，推进依法治国，应当认识到，网络的自由应该是有限度的、有界限的，不能超越伦理和法律的边界。

（二）了解知识产权

1. 知识产权

知识产权指权利人对其所创作的智力劳动成果所享有的财产权利，是依照各国法律赋予符合条件的著作者以及发明者或成果拥有者在一定期限内享有的独占权利。知识产权分为工业产权和著作权两大类。

工业产权是指技术发明的专利权，以及商标、工业品外观式样、服务业标志、商品产地标志和产品名称的专用权。

专利权是依法授予发明创造者或单位对发明创造成果独占、使用、处分的权利。专利权的主体是指有权提出专利中请和专利权，并承担相应的义务的人，包括自然人和法人。我国专利权的客体是发明、实用新型和外观设计。专利权人的权利有：独占实施权、许可实施权、转让权、放弃权、标记权。专利权人的义务包括实施专利的义务、缴纳年费的义务。

商标，是为了帮助人们区别不同的商品而专门有人设计、有意识地置于商品表面或其包装物上的一种标记。商标权是指商标使用人依法对所使用的商标享有的专用权利。商标权的主体是申请并取得商标权的法人或自然人。商标权的客体是经过国家商标局核准注册、受商标法保护的商标，即注册商标，包括商品商标和服务商标。商标权人的权利有：使用权、禁止权、转让权、许可使用权。商标权人的义务有：保证使用商标的商品质量，负有缴纳规定的各项费用的义务。

著作权，也称版权，是公民、法人或非法人单位按照法律享有的对自己文学、艺术、自然科学、工程技术等作品的专有权，对文字著作和艺术品的印刷、销售、演出、摄影、录音等方面的专有权。著作权的主体指著作权所有者，即著作权人，包括作者及继承著作权的人、法人或非法人单位、国家。著作权的客体指受著作权保护的各种作品。可以享受著作权保护的作品，涉及文学、艺术和科学作品，它是由作者创作并以某种形式固定下来能够复制的智力成果。著作权的权利有：人身权和财产权。人身权包括发表权、署名权、修改权、保护作品完整权。财产权包括使用权、获得报酬权。

知识产权由人身权利和财产权利两部分构成，也称为精神权利和经济权利。所谓人身权利，是指权利同取得智力成果的人的人身不可分离，是人身关系在法律上的反映。例如，作者在其作品上署名的权利，或对其作品的发表权、修改权等，即为精神权利。所谓财产权是指智力成果被法律承认以后，权利人可利用这些智力成果取得报酬或者得到奖励的权利，这种权利也称为经济权利。它是指智力创造性劳动取得的成果，并且是由智力劳动者对其成果依法享有的一种权利。

2. **知识产权法**

知识产权法是指因调整知识产权的归属、行使、管理和保护等活动中产生的社会关系的法律规范的总称。我国现有一系列知识产权的法律，专利法方面上要有《中华人民共和国专利法》，商标法方面主要有《中华人民共和国商标法》，著作权法方面主要有《中华人民共和国著作权法》。另外，还有《中华人民共和国民法典》和《中华人共和国反不正当竞争法》等。

相关的法规条例有《专利审查指南》《中华人民共和国商标法实施条例》《驰名商标认定和保护规定》《信息网络传播权保护条例》《计算机软件保护条例》《广播电视管理条例》《音像制品管理条例》《出版管理条例》《中华人共和国植物新品种保护条例》《地理标志产品保护规定》《地理标志产品专用标志管理办法》《农产品地理标志管理办法》《农产品产地安全管理办法》《中国名牌农产品管理办法》等。

（三）尊重和保护知识产权，合理利用他人的信息产品和成果

在了解知识产权和知识产权法的基础上，尊重知识产权，以法律来保护和约束自己的信息活动和信息行为，这也是公民的法律义务。理解版权的合理使用，理解

开放获取和公有领域等概念的意义及特征，合理利用他人的信息产品和成果：尊重他人的原创观点，对他人在知识生产中所付出的技能、时间和精力给予充分重视。

（四）维护自身的相关权利

数字化的信息具有极其快速的传递能力和几乎无成本的复制能力，再加上网络和社交媒体的发达，让信息在公开网络上一经发布，即可扩散至全社会、全世界，可以被所有网络用户看到和获取。因而，应该意识到，在线交互可能会对信息的生成、获取、传播产生影响，包括对自己的、他人的、熟人的、陌生人的、社区的、社会的乃至对全世界的影响，而且几乎是无法消除的影响。此外，也存在着个人信息商品化、个人隐私保护、个人信息不当使用等问题。我们应充分认识到，网络是一把双刃剑，既可以发挥正向作用，也会产生负面影响。既要尊重他人的隐私权和知识产权，也要积极维护自身的相关权利，避免个人相关信息被滥用、盗用、恶意利用，乃至损害自身、他人和社会的合法权益。

第四节　信息安全

一、信息安全的重要性

（一）信息安全

信息作为一种资源，它的普遍性、共享性、增值性、可处理性和多效用性，使其对于人类具有特别重要的意义。信息的泛在化虽然给人们带来了便利，但也具有其破坏性的一面。保障信息安全，是不可忽视的重要问题。

信息安全是指信息系统（包括硬件、软件、数据、人、物理环境及其基础设施）受到保护，不因偶然的或者恶意的原因而遭到破坏、更改、泄露，系统可以连续、可靠、正常地运行。

信息安全的实质就是要保护信息系统或信息网络中的信息资源免受各种类型的

威胁、干扰和破坏，即保证信息的安全性。根据国际标准化组织的定义，信息安全性的含义主要是指信息的完整性、可用性、保密性和可靠性。

信息安全本身包括的范围很大，比如防范商业企业机密泄露、防范青少年对不良信息的浏览、防范个人身份信息的泄露等。网络环境下的信息安全体系是保证信息安全的关键，包括计算机安全操作系统、各种安全协议、安全机制（数字签名、消息认证、数据加密等）、安全系统等，只要存在安全漏洞，便可威胁全局安全。

狭义的信息安全建立在以密码论为基础的计算机安全领域，早期中国信息安全专业通常以此为基准，辅以计算机技术、通信网络技术与编程等方面的内容。广义的信息安全是综合性的，从传统的计算机安全到信息安全，不只是名称的改变，也是对安全发展的延伸，安全不再是单纯的技术问题，而是管理、技术、法律等问题相结合的产物。

（二）信息安全常见类型

网络安全主要包括线路连接的安全、网络操作系统安全、权限系统安全、应用服务安全、人员安全管理等几个方面。安装能保证安全的相关软件、硬件及相关权限管理等手段，可以提高网络系统和信息系统的安全性，降低各类风险，及时掌握网络信息系统中存在的信息安全问题，发现安全问题和攻击行为，并有针对性地做出相对应的处理措施。

信息安全包括国家军事政治机密、商业企业机密、个人私有信息机密等。网络环境下的安全体系是保证网络信息安全的关键，包括操作系统、安全协议、数字签名、信息认证、数据加密等，任何一个漏洞都可能威胁到全局的安全。信息安全的实质就是保护信息系统和信息资源不受各种威胁和破坏，从而保证信息的安全性。

文化安全主要指各种不利于我国国家发展、制度实施及传统文化的威胁，主要表现在宣传舆论方面。在信息化时代，文化越来越成为综合国力竞争的重要因素，国家文化安全也越来越成为人们关注的焦点。如何应对挑战，规划和构筑 21 世纪文化发展战略和国家文化安全战略，已经成为时代赋予我们的一项艰巨任务。

（三）信息安全的重要性

机构和个人正把日益繁多的事情交由计算机和网络来完成，敏感信息经过脆弱的通信线路在计算机系统之间传送，专用信息在计算机内存储或在计算机之间传送，电子银行业务使财务账目可通过通信线路查阅，执法部门从计算机中了解罪犯的前科，医生用计算机管理病历，等等。在信息传输和传播的全过程中，保障信息安全，使其不至于在对非法（非授权）获取（访问）不加防范的条件下传输信息，都是极其重要的问题。

近年来，通过网络犯罪的案件不断增加，网络系统的安全已引起国家和个人的高度重视。上网如果得不到安全保证，网络攻击者就会通过一定的技术手段窃取和获得相应的权限，然后进行操作，产生不可估量的严重后果。所以，在网络环境的虚拟世界里，安全问题尤为重要。

随着网络信息化的不断普及，信息系统的安全已成为影响政府及个人的重要因素。当然，对于不同的主体来说，包括各种组织、行业和个人，其对信息安全的要求和重点也是有区别的。

二、关注信息安全

刚买了房，装修公司的电话就打过来了；刚买了车，保险公司的电话就跟过来了……这属于个人隐私信息被泄露，让人烦心，更让人忧心。手机银行、网络支付、支付宝、微信和 QQ 转账，让个人财产和机构财产在看不见对方的情况下流转，如何确保安全？如何保护好电子健康信息的安全，以免个人隐私泄漏？如何保护好包括身份户籍、名下资产、手机通话记录、名下支付宝账号等在内的各类公民个人信息，以免损害个人利益？信息安全问题，涉及人们学习、工作、生活和娱乐的方方面面，因而，保护信息安全，维护自己和他人权益，在信息社会中的每个人都应关心和了解。

从用户角度来说，要加强对信息安全的重视程度。网络信息安全是一个综合性的系统工程，涉及应用技术、网络管理、网络使用等诸多方面，既包含信息系统自身的安全，也包含物理的、逻辑的技术要求，更少不了用户对网络安全的足够认识。

从技术上看，要不断加强信息网络的安全建设。建立长期有效的安全机制，保证网络安全的技术手段主要有：数据的备份、病毒的防护、补丁的更新、提高物理环境安全、安装防火墙系统、安装网络安全审计系统、定期查看“系统日志”（对可疑日志进行认真分析）、修补易受攻击的系统并更换不支持的软件、数据加密等。

通信技术、人工智能正在快速发展，新一代技术变革来临之际，就是突破常规、突破边界之时，此时更应关注信息安全。通过信息加密、多种模式融合的安全认证执行或者行为分析的方式，甚至通过引入深度学习的方法，早期预见黑客攻击的模式，就可以在终端层面保护和强化技术安全，为信息安全建立一道非常重要的防火墙。

第三章

信息检索基础

第一节　信息检索概述

一、信息与信息资源

信息资源是由信息和资源两个概念整合后衍生而成的新概念，是各种信息要素资源化的产物。因此，研究信息资源得首先对信息的概念有一个基本的认识。

（一）信息

不同的时代、不同的学科、不同的专家对信息有不同的解释，到目前为止，人们对信息的定义尚无统一的定论。信息定义复杂多样的原因，一是由信息现象自身的普遍性、多样性决定的，二是不同领域出于研究和操作的需要提出了适合自身领域的信息定义。

信息是自然界、人类社会及思维活动中普遍存在的现象，是一切事物自身存在方式以及它们之间相互关系、相互作用等运动状态的表达。信号、消息、报道、通知、报告、情报、知识、见闻、资料、文献、指令等，均是信息的具体表现形式。

从广义上讲，信息可以认为是物质的一种属性，是物质存在方式、运动规律与特点的表现形式，是包含了与客观世界和人类社会相关的各种信息现象；从狭义上讲，信息是一种消息、信号、数据或资料，在多数时候是指已经分门别类或列入其他构架形式的数据。

（二）信息资源

信息是一种重要的资源已成共识，但信息资源的定义如同信息一样，目前也是多种多样的。广义的信息资源是指人类社会经济活动中积累起来的以信息为核心的各类信息活动要素的集合，包括信息、信息生产者和信息技术；狭义的信息资源是指人类社会经济活动中经过选择、组织和加工处理的有序化的各种媒介信息的集合。

现代信息资源具有数量急剧增加、载体形式多样、内容重复交叉、信息老化加快、竞争共享并存等整体特征和发展趋势。信息资源的分类有多种标准，根据不同的分类标准，可以将信息资源分为不同的类型。

1. 按信息资源的出版形式分类

根据信息资源的出版形式，可将其划分为以下 10 种类型，即通常所说的 10 大信息资源。

（1）图书

根据联合国教科文组织对图书的定义，凡由出版社（商）出版的不包括封面和封底在内的 49 页以上的印刷品，具有特定的书名和著者名，编有国际标准书号，有定价并取得版权保护的出版物称为图书。该类型文献内容成熟、定型，论述系统、全面、可靠；但图书出版周期较长，知识的新颖性不够。图书一般包括这几种类型：专著（monograph）、丛书（series of monograph）、词典（dictionary）、手册（handbook）、百科全书（encyclopedia）。

在图书著录格式中，ISBN 号是国际标准书号（International Standard Book Number）的简称，是专门为识别图书等文献而设计的国际编号。国际标准化组织（ISO）于 1972 年颁布 ISBN 国际标准，并在西柏林普鲁士图书馆设立了实施该标准的管理机构——国际 ISBN 中心。现在，采用 ISBN 编码系统的出版物有图书、小册子、缩微出版物、盲文印刷品等。当前，ISBN 号有 10 位数字（2007 年之前使用的号码）和 13 位数字（2007 年之后使用的号码）两种。例如，图书《情报技术》

（孟宪文、冯文刚主编，2015年出版）的ISBN号为978－7－300－2176－7，其中，978代表图书，7代表中国，300代表出版社（中国人民大学出版社），2176代表书名号，7是计算机校验号。

（2）期刊

期刊一般是指具有固定名称、定期或不定期连续出版、每年至少出版一期（一次）以上、每期均有期次编号或注明日期的出版物。期刊上刊载的论文大多数是原创文献，包含许多新成果、新动向。期刊的特点是出版周期短、报道文献速度快、内容新颖、发行及影响面广。

在期刊著录格式中，ISSN号是国际标准连续出版物号（International Standard Serial Number），由8位数字分两段组成，前后4位数之间用“－”隔开，前7位是期刊代号，末位是校验号。例如，期刊《三峡大学学报》的ISSN号为1672－6219。

很多数据库均设有ISSN号的检索字段，只要输入几个简单的数字，便可以得知是否有该期刊，该期刊的名称、馆藏状况等信息。

（3）专利文献

专利文献是指由专利局公布出版或归档的所有与专利申请案有关的文件和资料。专利文献主要是指各国专利局的正式出版物。中国专利文献的种类有发明专利文献、实用新型专利文献、外观设计专利文献、植物专利文献、再公告专利文献、商标专利文献、技术诀窍专利文献等。

（4）标准文献

标准文献是记录各级各类标准的特种文献。狭义的标准文献是指带有标准编号的标准、规范、规程等技术文件，广义的标准文献还包括标准的检索工具和有关标准化的文件等。标准文献的内容一般包括标准级别、标准名称、标准分类号、标准编号、标准审批与实施日期等。按使用范围，标准可分为国际标准、区域性标准、国家标准、行业标准和企业标准等。

（5）学位论文

学位论文是作者从事科研取得了创造性的成果或有了新的见解，并以此为内容撰写而成，作为提出申请授予相应学位时评审用的学术论文。学位论文探讨的问题往往比较专深，一般具有一定的创造性。根据学位的不同，学位论文可分为学士学位论文、硕士学位论文、博士学位论文。在学位论文标注中，PhD Dissertation指博士论文，MS Dissertation 指硕士论文。

（6）会议文献

会议文献是指在国内外重要学术会议上发表的论文、报告及其他有关资料，此类文献代表某学科领域的最新成果，尤其是一些阶段性的成果。会议文献对于了解某领域的科技前沿有许多有价值和有意义的启示，备受科技人员的青睐。

（7）科技报告

科技报告是指科技人员围绕某一专题从事研究取得成果以后撰写的正式报告，或者是在研究过程中对每个阶段的进展情况的实际记录。其特点是内容详尽专深，有具体的篇名、机构名称和统一的连续编号（报告号），一般单独成册。

按报告的文献形式，科技报告可分为：技术报告（technical reports）、札记（notes）、论文（papers）、备忘录（memorandum book）、通报（bulletin）等。科技报告是在20世纪40年代后迅速发展起来的，目前全世界每年都有大量科技报告产生，其中美国政府研究报告（PB、AD、NASA、DOE）较受关注。

（8）政府出版物

政府出版物是各国政府部门及其所属机构所颁发和出版的文件资料，可分为行政性文件和科技性文件两大类。行政性文件主要有政府法令、方针政策和统计资料等，涉及政治、法律、经济等方面，科技性文件主要是政府部门的研究报告、科技政策文件、科普资料等。政府出版物对于了解某国的政策、科技水平及经济状况等方面有较高的参考价值。

（9）科技档案

科技档案是指单位在技术活动中所形成的技术文件、图片、原始技术记录等资料，包括任务书、协议书、技术指标、审批文件、研究计划、方案、大纲、技术措施、调研材料等，它是生产建设和科研活动中用以积累经验、吸取教训和提高质量的重要文献。科技档案具有保密和内部使用的特点，一般不公开。

（10）产品样本资料

产品样本资料是生产厂商为宣传企业形象、展示推销其产品而制作的一种商业资料，用来介绍产品的品种、特点、性能、结构、原理、用途和维修方法、价格等。其内容比较成熟，数据较为可靠，时效性强，使用期短，且不提供详细数据和理论依据。

2. 按信息资源的加工深度分类

（1）一次文献

凡是著者在科学研究、生产实践中，根据自己的科研成果、发明创造撰写的文献，称为一次文献，又称为原始文献。一次文献是文献的主体，是最基本的信息资源，是文献检索的对象。诸如学术专著、期刊论文、会议文献、学位论文、专利说明书、科技档案、技术标准、科技报告等，多属于一次文献。

（2）二次文献

二次文献是将分散的、无序的一次文献，按照一定的原则进行加工、整理、提炼、组织而得到的便于存储、检索的系统文献。二次文献主要有目录、题录、索引和文摘等。

① 目录

以出版物单位为著录对象，对图书、期刊或其他单独出版物的特征进行揭示和报道，一般只记录外部特征，如书名（刊名）、著者、出版项和载体形态等。目录可分为馆藏目录、专题目录、联合目录等。

② 题录

对单篇文献外表特征的揭示和报道。著录项目简单，即篇名、著者、文献来源、文种等。其收录范围广，报道速度快，是用来查找最新文献的重要工具。

③ 索引

将文献中的各种知识单元以一定的原则和方法排列起来的一种检索工具。这些知识单元可以是篇名、人名、名词术语、地名、各种号码、分子式、结构式等。索引是一种附属性的检索工具，不但广泛应用于各种类型的文献中，也广泛应用于各种检索工具中，主要起检索作用。索引系统的完善性是衡量一个检索工具质量的一个重要标志。

④ 文摘

以单篇或单本文献为报道单位，不仅著录一次文献的外表特征，还简明、深入地著录文献内容。文摘是二次文献的核心。按文摘报道的详略程度，文摘可分为指示性文摘和报道性文摘。

指示性文摘：又称简介，内容简单，仅介绍文献的论题范围和研究目的。

报道性文摘：用精练的语言报道原文献的主要内容（研究目的、方法、公式数据、结果等）。文摘有时可代替原文献，它对于不懂原文献文种或难以获得原文献的科技人员尤为重要。

（3）三次文献

三次文献是在利用二次文献的基础上，选用一次文献的内容进行分析、概括、综合研究和评价而编写出来的文献。三次文献又可分为综述研究类和参考工具类两种类型，前者如动态综述、学科总结、专题述评、进展报告等，后者如年鉴、手册等。三次文献源于一次文献，又高于一次文献，属于一种再创性文献。三次文献一般来说具有系统性好、综合性强的特点，其内容比较成熟，常常附有大量的参考文献，有时可作为查阅文献的起点。

① 综述

即综合性叙述，是在利用一次文献和二次文献的基础上生产出来的一种三次文献。综述能够帮助人们用较少的精力和较短的时间，对有关课题的内容、意义、历史及现状等有一个简明的了解。综述可分为以下三种。

综合性综述：对某一学科或专业的情况做出综合叙述。它能系统地反映一次文献的内容信息，提供检索所需文献的线索，是利用一次文献的桥梁。

专题性综述：对某项技术或某种产品所做的综述。

文摘性综述：将某一学科或专业在某段时间内所发表的文献，用少量文字把内容摘录下来，然后按时间顺序、学科或专业自身发展顺序，对相关课题进行综合叙述，并且逐一标注所引用的文献。

② 提要

又称为叙录，是简明扼要地介绍作者生平、学术思想与揭示文献内容的一种方法。提要广泛应用于图书编辑、出版、发行、书目编制、目、宣传、古籍整理、读书治学及科学研究中。

③ 述评

针对某一学科、某一技术或者某一成果，全面系统地总结各种情况、各种观点和各种数据，并给予精辟的分析评价。述评不仅要指出所研究课题的当前水平和存在问题，还要指出所研究课题的发展前景和可能遇到的困难。述评的形式类似综述，故其可分为综合性述评和专题性述评。

综合性述评：总结和评论某一学科或某一专业的情况。

专题性述评：针对某一技术、某一设计、某产品或某项工程等具体问题，进行分析评价。

④ 书评

是图书评论的简称，是通过对图书的有关内容和形式进行解析和评价，从更高层次揭示图书的一种重要方式和文体。

（4）零次文献

零次文献又称为灰色文献，是指非正式出版物或非正式渠道交流的文献，如实验数据、观察记录、调查材料等。零次文献的信息内容新颖、真实、直观、方便、针对性强，但也有不成熟、不定型的特点，且由于不公开交流而难以获取。

另外，信息资源按信息的载体形式，可分为印刷型文献、缩微型文献、视听型文献和书写型文献。作者向刊物投稿时，所撰写论文的参考文献有各种文献类型，其著录格式要按照规定的格式进行标注。

二、信息检索的概念

“检索”一词源自英文“retrieval”，其含义是“查找”。“信息检索”一词由莫尔斯（Calvin W. Mooers）于1949年首次提出。所谓信息检索，是指文献资料的查找与获取。检，即查找；索，即获得与索取。也就是说，检索者利用检索工具，按照文献编排的特点，采取一定的途径、方法和步骤，将所需文献资料查找出来，并加以利用。

信息检索实质就是把表达用户信息需求的检索提问特征与信息检索系统中的信息特征标识进行匹配，从中找出一致或基本一致的信息。检索提问特征与信息特征标识都包括反映文献内容特征和外部特征的信息。内容特征指的是能够反映用户信息需求的概念，如主题词、分类号和摘要等；外部特征就是反映用户确知的文字、号码和数字，如题名、著者、文献类型、编号、出版信息等。

现代信息检索主要由计算机来完成，即利用计算机完成信息的存储和检索。为实现计算机信息检索，必须事先将大量的原始信息加工处理，以数据库的形式存储在计算机中。所以，信息检索广义上包括信息的存储和检索两个方面。

（一）信息存储

用手工或者自动方式将大量无序的原始信息集中起来，根据信息源的外部特征和内容特征，经过分类、标引等步骤进行加工，即将收集到的原始文献进行主题概念分析，根据一定的检索语言抽取出主题词、分类号及文献的其他特征进行标识或者写出文献的内容摘要；然后再把这些经过“前处理”的数据按一定的技术要求编制检索工具或建立检索系统，完成信息的加工存储，供人们检索和利用。

（二）信息检索

用户对检索课题加以分析，明确检索范围，弄清主题概念，然后用系统检索语言来表示主题概念，形成检索标识及检索策略，输入计算机进行检索。计算机按照用户的要求将检索策略转换成一系列提问，在专用程序的控制下进行高速逻辑运算，选出符合要求的信息输出。计算机检索的过程实际上是一个比较、匹配的过程，检索提问特征只要与数据库中的信息的特征标识及其逻辑组配关系相一致，则属“命中”，即找到了符合要求的信息。

三、信息检索的类型

（一）按检索方式分类

1. 手工检索

手工检索简称“手检”，是指人们通过手工的方式检索信息。其使用的检索工具主要是书本型、卡片式的信息系统，即目录、索引、文摘和各类工具书。检索过程是由人以手工的方式完成的。

2. 计算机检索

计算机检索简称“机检”，是指人们利用数据库、计算机软件技术、计算机网络及通信系统进行的信息检索，其检索过程是在人机的协同作用下完成的。

3. 综合检索

综合检索指在文献信息检索的过程中，既使用手工检索方式，又使用计算机检索方式，也就是同时使用两种检索方式。

（二）按检索内容分类

1. 文献检索

文献检索是指利用检索工具或检索系统查找文献的过程，包括文献线索检索和文献全文检索。

文献线索检索是指利用检索工具或检索系统查找文献的出处，检索结果是文献线索。它包括书名或论文题目、著者、出版社、出版地、出版时间等文献外部特征。用于检索文献线索的检索工具有书目、索引、文摘及书目型数据库和索引、题录型数据库。

文献全文检索是以文献所含的全部信息作为检索内容，即检索系统存储的是整篇文章或整部图书的全部内容。检索时可以查到原文及有关的句、段、节、章，并可进行各种频率统计和内容分析。文献全文检索主要是用自然语言表达检索课题，较适用于某些参考价值大的经典性文章，如各种典籍、名著等。

2. 事实检索

事实检索是以特定客观事实为检索对象，借助于提供事实检索的检索工具与数据库进行检索。其检索结果为基本事实，如某个字、词、诗、句的查找，某一时间或地名的查找，某一人物、机构、事件的查找，某一数据、参数、公式或化学分子式的查找，等等。一般来说，事实检索多利用词语性和资料性工具书，包括字典词典、百科全书、类书政书、年鉴、手册、名录、表谱、图录等。

3. 数据检索

数据检索是一种确定性检索，是以数值或图表形式表示的数据为检索对象的信息检索，又称“数值检索”。检索系统中存储的是大量数据，这些数据既包括物质的各种参数、电话号码、银行账号、观测数据、统计数据等数字数据，也包括图表、图谱、市场行情、化学分子式、物质的各种特性等非数字数据。

四、信息检索的意义

（一）借鉴前人经验，避免重复劳动

继承、借鉴、怀疑、假设、探索、求证、循环往复、螺旋式上升，这是科研发

展的必由之路。科研人员通过观察和思考获得研究题目后，首先需要确认别人有没有研究过这个题目，才能决定是否需要着手研究这个题目。这个确认过程一般是通过查阅相关文献来实现的。

文献检索的一个基本目的就是查阅和了解前人的研究成果，吸收和借鉴前人的研究经验，避免重复劳动，避免重做别人已解决了的问题，避免重犯别人已经犯过的错误，少走弯路，提高科研效率。

（二）了解科研动向，启迪创新思维

通过文献检索和调研，了解自己所做的方向在目前世界上是怎样的研究现状——国内外是否有人做过或者正在做同样的工作，做到了何种程度，取得了哪些成果，尚存在什么问题，等等。在广泛了解科研动向的基础上启迪创新思维，改进自己的工作。只有这样，才能有所发现、有所创新、有所前进。

（三）拓宽知识面，寻找创新灵感

了解与自己研究方向有关的科研机构，熟悉研究领域的国际领袖人物，密切关注在该研究领域发表的论文并认真研读。定期读几篇 Nature、Science 等世界顶级杂志，经常浏览你从事的领域的核心期刊。从中拓宽了知识面，可能得到新的想法、新的思路，从而寻找到新的灵感及突破口，使自己豁然开朗。

（四）进行调查研究，提供决策依据

在日常工作和生活中，人们经常要做决策，一些重大决策关系到国家的兴衰、团体的成败和个人的前途，为此，必须进行科学决策。信息在决策中起重要作用，它是科学决策的必要前提和重要依据。正确的决策受多种因素的影响和制约，其决定因素在于决策者对决策对象有确切的了解和把握，对未来的行动和后果有正确的判断，这就取决于能否及时、准确、全面地掌握信息。

第二节 信息检索语言

一、分类检索语言

分类检索语言是以学科为基础，按类分级编排的一种直接体现知识分类等级概念的标识系统，一般以数字、字母或字母与数字结合作为标识。著名的分类检索语言有《中国图书馆分类法》《杜威十进分类法》《国际专利分类法》等。下面着重介绍《中国图书馆分类法》。

《中图法》的类目体系是一个层层展开的分类系统，其基本大类以科学分类为基础，结合文献的需要，在五大类的基础上展开。《中图法》采用拉丁字母与阿拉伯数字相结合的混合编码制，它依据学科门类，将图书分成 5 个基本部类，22 个基本大类。

在 22 个基本大类（一级类目）下，又根据各类目知识学科的性质，逐级划分下级类目。二级类目采用拉丁字母和 1 ~ 2 位数字混合编制，字母后加两三位阿拉伯数字，表示各学科的进一步分类，三位数以上的数字使用小数点隔开。

图书馆的藏书在分类号的后面或下面还有作者信息，分类号和作者信息合称为索书号，利用索书号可在图书馆中快速找到图书。了解图书分类法的编制，有助于我们从科学的角度查询信息。在确定信息所属的主要和次要学科或专业的范围时，要将被确定的学科或专业范围在分类表中从大类到小类、从上位类到下位类，层层缩小查找范围，直到找出课题相关类目及分类号为止。

如检索“近年来走向世界的中国大陆数学研究成果”。该题是希望检索出在世界性的学术期刊上由中国大陆作者发表的论文。检索者的选择一般是利用美国 ISI 公司的 SCI 数据库，绝大部分的检索者都考虑应用该数据库的“Title”（篇名）检索字段，输入检索词“China and Mathematic *”（这里的 Mathematic 用了截断符，可以包括 Mathematics 或 Mathematical 等相同词根的所有相关词）。按这个检索思路，在 SCI 数据库中第三季度期间所能检得的结果为 23 篇。如果放宽到关键词和文摘字段，这个结果也只有60篇左右。对于这样的结果，恐怕谁都不会满意。而事实上在同一时间段，该题的检索结果数应该是近3万篇，其中中科院系统就有3000多篇，而复旦大学、清华大学、北京大学均各有1200多篇。其中有19位作者的个人论文量都在100篇以上（包括合作研究）。

人们不禁要问，数学研究一定需要在文章篇名中出现“数学”的字样吗？代数是数学吗？几何是数学吗？拓扑是数学吗？……当然是的，在数学这一概念中包含了太多的分支概念，而这些分支概念绝大部分并不以数学的字样出现。篇名检索实际上是在主题检索的体系中进行的，检索者要求系统在篇名中寻找符合检索要求的结果，属于特性检索的范畴。

而这个检索案例中，检索策略的设计都是特性检索的概念，而检索题却反映了族性检索的要求。数学希望能覆盖属于数学学科的全部研究成果。

这时候，分类号检索派上用场了。用分类号检索，便于检索者对所研究的学科知识动态进行全面了解，便于检索者按学科迅速、准确地查询。所以，分类号检索途径应该成为读者通过数据库查询信息的主要检索途径之一。这里的分类号主要是依据图书分类法而设置的，以代表类目的数字、字母符号作为文献主题标识。目前国内数据库中所采用的分类号主要是依据《中国图书馆分类法》而产生的。

二、主题检索语言

主题检索语言是用能反映信息内容的主题概念的词语作为标识的标识系统，一般以词语为标识。著名的主题检索语言有《汉语主题词表》、“Ei Thesaurus”（简称EIT，EI数据库的配套叙词表）。主题检索语言可分为标题词、单元词、叙词、关键词等几种检索语言。

（一）标题词检索语言

标题词检索语言是指从自然语言中选取并经过规范化处理，表示事物概念的词、词组或短语。标题词是主题语言系统中最早的一种类型，它通过主标题词和副标题词固定组配来构成检索标识，只能选用“定型”标题词进行标引和检索，反映文献主题概念必然受到限制，不能适应时代发展的需要，目前已较少使用。

（二）单元词检索语言

单元词检索语言是指能够用以描述信息所论及主题的最小、最基本的词汇单位。经过规范化的能表达信息主题的单元词集合构成单元词语言。单元词检索语言是通过若干单元词的组配来表达复杂的主题概念的检索语言。单元词检索语言多用于机械检索，适于用简单的标识和检索手段（如穿孔卡片等）来标识信息。

（三）叙词检索语言

叙词检索语言是指以概念为基础、经过规范化和优选处理的、具有组配功能并能显示词间语义关系的动态性的词或词组。一般来讲，选中的叙词具有概念性、描述性、组配性，经过规范化处理后，还具有语义的关联性、动态性、直观性。叙词检索语言综合了多种信息检索语言的原理和方法，具有多种优越性，适用于计算机和手工检索系统，是目前应用较广的一种语言，如 EI 等著名检索工具都采用叙词检索语言进行编排。

（四）关键词检索语言

关键词检索语言是指出现在文献标题、文摘、正文中，对表征文献主题内容具有实质意义的语词，对揭示和描述文献主题内容是重要的、关键性的语词。关键词检索语言主要用于计算机信息加工抽词编制索引，因而称这种索引为关键词索引。在检索中文医学文献中使用频率较高的 CMCC 数据库就是采用关键词索引方法建立的。

三、两种检索语言比较

（一）两种检索语言的区别

分类检索语言和主题检索语言都是从文献的主题出发，从不同的角度揭示文献内容的方式。分类检索语言的类目和主题检索语言的标题在某种意义上都可以说是主题。两者既有相同的共性方面，又有各异的特性方面。

1. 在主题概念表达上

分类检索语言的一个显著特点是以码号（如字母或数字）为文献的标识，标引或检索时都必须使用分类号；主题检索语言则是直接以自然语言中的词语为标引和检索的标识。

2. **在主题概念的组织上**

分类检索语言主要是按学科体系或逻辑体系组织的，分类体系不是显而易见、易于掌握的，因此读者在使用分类检索工具或检索系统时，往往难以确定新主题、细小主题及复杂主题在体系中的准确位置；主题检索语言按照语调的字顺来组织主题概念，因而可以依名检索。

3. **在主题内在关系的显示上**

分类检索语言中主题内在关系主要通过上下位类、同位类以及交替类目、参见类目和类目注释来显示，因而分类法系统的系统性、等级性强，便于进行浏览性检索，并可以根据检索的需要进行扩检和缩检；主题检索语言中主题内在关系主要通过建立词间参照系统的方式来显示，此外也通过辅助索引进行分类显示。所以，在主题词表中，相关主题之间的关系难以直接地、一目了然地展示出来，因而在族性检索，尤其是较大范围课题的检索中，主题检索语言不如分类检索语言。

4. **在标引方法上**

使用分类检索语言标引时，主题分析的重点是辨别确定文献主题的学科性质，以便进一步确定所属类目；使用主题检索语言标引时，主题分析的重点是辨明文献主题各构成因素之间的关系，区别论述对象的中心部分和次要部分，以便选定中心主题概念。分类检索语言表现的是族性，主题检索语言表现的是特性。

（二）两种检索语言的优缺点

1. **分类检索语言**

优点：系统性强，适合族性检索，便于按学科、专业直接检索比较广泛的课题；查全率较高；既能组织藏书排架，又能编辑目录索引检索工具。

缺点：缺乏专指性，查准率不高，不能满足专深课题以及新兴学科、交叉学科和边缘学科知识的检索；使用起来不方便，必须借助于专门的分类表之类的工具书。

2. **主题检索语言**

优点：直接性强，表达概念较为准确和灵活；与课题有关而分散在各个学科中的信息资源可集中起来；有利于查全和查准，便于扩大或缩小检索范围。

缺点：不能从学科体系方面来探索问题；新生概念没有适合的主题词，使用主题词检索具有一定的局限性。

第三节　信息检索思维

一、检索是一种过程

信息查找是一种非线性的、需要反复进行并且带有偶然性的发现活动，是与问题的发现、研究和解决过程同步进行的，是探索式地查找与获取信息的过程。在这个过程中，我们需要了解如何从信息需求出发，确定信息来源、信息查询方向及信息检索的初始范围，合理运用发散思维和收敛思维，设计、制订检索策略，选择与信息需求和检索策略相匹配的检索工具，理解信息系统的组织方式，合理使用不同类型的检索语言，如控制词表、关键词、自然语言等，灵活运用各种检索途径，根据检索结果来调整检索提问、改进检索策略，有效推进检索进程以及管理检索结果。

二、检索过程是循环和递进

应该意识到，各类信息源除在内容和形式上具有差异外，其相关性和价值也会因为信息需求和检索目标的不同而有很大差异，要重视利用浏览及其他偶然发现的形式收集信息，认识到检索过程的复杂性，具备检索思维的灵活性和创造性，了解到一次检索尝试不一定能够得到满意的结果；要能够积极面对检索的挑战，知道寻求专家指导，能够随着检索中产生的新认识灵活寻求其他检索途径，运用多样化的检索策略来把控检索方向，既能将检索推向广泛和深入，也能根据问题解决的程度和需要，适时地结束检索过程，既解决问题，又利用好时间，提高学习、科研和工作的效率。

检索作为一种可以动态调整、变化、循环、迭代和递进的过程，是需要因检索的需求、检索的效果、检索任务的完成情况、检索的结果、结果的可用程度等诸多因素进行调整优化的。因而，检索者应树立动态调整、相对优化的检索思维，检索不是一成不变的，不是唯一的，不是固定的，也不是固化的。同时，检索者与检索也存在交互，检索者的知识、能力、专业、认知、情感和社会关系等都会影响到检索进程，同时检索也会改变检索者。

（一）检索系统及其构成

检索系统，或称检索工具，是指根据特定的信息需求而建立起来的用于信息收集、加工、存储、检索及分析等的程序化系统，其主要目的是为人们提供信息服务。检索系统可以是供手工检索使用的卡片目录、书目、文摘、索引等，也可以是计算机化的信息检索系统，如搜索引擎、网络数据库、光盘数据库、搜索网站和搜索平台等。

广义上理解，信息检索系统是与检索相关的工具、设备和人的总和，一般包括：①检索文档（File）。检索文档即标有检索标识的信息集合（Information Set），如手工检索系统中的书目、索引和文摘中由文献款目组成的记录、工具书中的条目或短文组成的主体，计算机检索系统中的数据库。②技术设备。技术设备指能贮存信息的技术设备，如输入装置、储存器、输出装置、通信设备等。③语言工具。语言工具指检索语言、标引规则、输入和输出标准等。④作用于系统的人。其包括信息加工、标引人员、录入人员、检索人员、系统管理维修人员等。

狭义上理解，信息检索系统一般指用于提供检索的工具本身，也就是我们常说的检索工具。

检索工具有很多类型。根据载体不同，可分为手工检索工具和计算机检索工具。根据组织和提供信息方式的不同，可分为搜索引擎、数据库、参考工具等，而每种又可分为不同的类型。比如，对于数据库来说，根据提供信息的详略程度，可分为二次文献数据库（包括目次型、文摘型、指南型等）和全文数据库等。二次文献数据库也称为参考数据库，主要是指引用户到另一信息源获得原文或其他细节，本身并不提供全文。根据数据库收录信息内容的学科领域范围，数据库则可分为综合性的数据库和专业性的数据库。

不同的检索工具，在具体编排方式、使用方式、使用功能等方面都会有所差异，但其基本原理、构成、类型却是相同的。

正文部分是检索系统的主体部分。它是反映文献信息特征的那些条目的有序集合，每个条目有若干数据著录项组成，条目按序有址，如文摘号或索引号手工检索系统中大多数检索刊物的正文部分按学科分类体系的序列编排，提供分类检索途径（检索点）。计算机检索系统的正文部分是系统的主文档。

手工检索系统的辅助索引（Subsidiary Index）是对正文分类检索方式的补充。常见的辅助索引有作者索引、主题索引等。对应于计算机检索系统，索引以倒排文档形式出现。计算机检索系统的倒排索引品种要远多于手工检索系统，如其还有年份、语种、文献等类型索引。

分类表与主题词表是用户分别用于浏览及确定分类类目、类号和主题词的工具。准确选择分类号、主题词是获得满意检索结果的前提。

使用指南、样例、帮助文档介绍检索系统的学科范围、结构、功能和使用方法，是用户使用前必读的内容。

资源来源目录是被检索工具摘录过的一次文献的清单，描述期刊、会议录或其他出版物的名称、代码及出版和收藏等情况，是用户获取原文的一个主要依据。

（二）记录与字段

无论是手工检索工具（印刷型检索工具），还是计算机检索工具（数据库和搜索引擎等），都可以理解为文献信息的集合，这种集合既存储和记录文献，又提供给使用者查找文献线索或获得文献的功能。根据记录文献的方式和详略程度，有目录、题录、文摘、索引等方式，印刷型检索工具主要以上述形式为使用者提供文献线索，通常不直接提供文献原文；数据库等计算机检索工具，除了能给使用者提供目录、题录、文摘等形式的文献线索，很多还进一步给用户提供文献全文，非常方便。其内在结构通常包括文档、记录、字段等要素。

1. 记录（Record）

数据库主要由“文档、记录、字段”三个层次构成。文档也称文件，在逻辑上是由大量性质相同的记录组成的集合，是数据库中数据组织的基本形式；记录是指对应于数据源中一行信息的一组完整的相关信息；一条记录由若干个字段组成。

记录是机器可存取的基本单位，是供计算机读取的格式化数据，用于数据资源的交换与共享。由于格式规范，程序便能准确地识别每条记录及其数据著录项的内容。国际标准化组织（ISO）颁布的标准有 ISO 2709 格式，它包括头标（Leader）、目次（Directory）、数据区（Date Field）及记录分隔符。

记录有逻辑记录（Logical Record）和物理记录（Physical Record）之分。逻辑记录与存储环境无关，它是把一些在逻辑上相关的数据组织到一起的数据集合，是面向用户的记录，相当于手工检索工具中的一个条目。物理记录则是指硬件设备上的一个基本存贮单位，是计算机内存与外存间进行数据交换的基本单位。不同的数据库向使用者提供的记录的表现形式可能会有所差异。

2. **字段（Field）**

字段是记录的基本单元，用于描述事物的某一属性和特征。字段与文献记录中的著录项相对应，也是我们检索的入口。

在数据库等检索工具中，可用于检索的字段通常包括描述文献外表特征的字段，如作者字段、号码字段、出版字段、语种字段等，也包括描述文献内容特征的字段，如文摘字段、主题词字段、分类号字段等。名称字段则既可以表达文献的外表特征，也可以表达文献的内容特征。更进一步细分还有子字段，它们是字段的一部分。各字段有其各自特征的标识符，其内容称作字段值（Field Value）或属性值（Attribute Value）。

第四节　信息检索步骤

一、全面分析检索课题

查找信息资料，首先必须对检索课题进行分析研究，明确检索要求，掌握与课题有关的基本知识、名词术语，以确定该课题需要查找的文献类型、所属学科、时间年代、语言种类等，还要明确该课题的检索目的，了解该课题是为了成果查新与鉴定还是为了申报课题等，从而确定该课题需要检索的深度和广度。

其次，更要明确检索课题的主题内容，能准确、完整地表达主题概念。这是一个需要花费精力和慎重处理的环节，检索者除了能对一目了然的概念进行分析外，更要学会结合学科背景、专业知识，进一步挖掘隐蔽的概念。

一般首选手册、百科全书、专著、综述等三次文献作为分析课题的手段，因为这些三次文献是与课题相关领域的学术专家和权威机构对以往研究的总结，既有高度又有深度和广度，让人们对该领域的研究有一种全局的了解和把握，同时可以对背景知识和相关名词术语做全面了解。

二、选择相应的检索工具或检索系统

目前检索工具或检索系统繁多，各具特色，收录的文献学科、类型、国别、语种范围均各有侧重，在全面分析检索课题的基础上，对信息形式需求、学科属性、经费支持等因素综合考虑后，选择检索工具或检索系统。正确选择检索工具或检索系统，是保证检索成功的基础。选择检索工具或检索系统必须从以下几个方面考虑：类型是否满足要求；学科专业范围是否与检索课题的学科专业相吻合；收录的文献类型、文献存储年限、更新周期是否符合检索需求；描述文献的质量，包括对原文的表达程度、标引深度、专指度如何、是否按标准化著录；提供的检索入口是否与检索课题的已知线索相对应。

三、选取关键词

如今，在计算机检索系统中，检索界面友好，功能强大，简单易用，用户无须太多的培训，就能进行计算机检索。但从用户从事计算机检索的实践看，检索的效果远没有人们想象得那么有效。在进行计算机检索时，检索用词选取的准确与否，往往成为检索成败的关键。检索词的选取规律一般有以下几种。

（一）找出课题中隐性的主题词

所谓隐性主题，就是在题目中没有文字表达，经分析、推理得到的有检索价值的概念。如课题“能取代高残杀菌剂的理想品种”，其主题似乎只有“杀菌剂、（新）品种”，它没有直接表达，但实际隐含有“高效低毒农药”的隐性主题。

利用字顺表查寻隐性主题。字顺表中的主题款目包括属、分、参见等项，其中属、分项可用于查寻从属隐性主题，如战斗机属军用飞机，分战斗轰炸机；参见项可用于查寻相近隐性主题，如光纤通信参见光学纤维、玻璃纤维、纤维光学。

利用词族表查寻隐性主题。词族表具有按词间等级关系成族展开的特点，可用于查寻隐性主题，如检索课题“高温合金”，在族首词“合金”下可查到耐热合金、镍铬耐热合金、超耐热合金、镍耐热合金。

利用范畴表查寻隐性主题。范畴表具有把相同专业主题词集中的特点，可用于查寻隐性主题，如检索课题“飞机舱”，在“航空器”类中可查得炸弹舱、座舱、增压座舱、可抛座舱、短舱、吊舱、发动机舱。

（二）运用与选定检索词概念相同或相近的词

同义词和近义词在检索中占有重要地位。同一事物有不同的名称，在汉语中有，在英语中也有。有的是习惯语，有的是科学用语，还有的是别名，等等。同义词、近义词等同时并存，影响了检索的效果，如“制备”“制造”“合成”“生产”等，每一个关键词下面均能找到文献，但若采用其中一个关键词去检索，往往只能找到其中的一部分文献，导致漏检、误检。

（三）上位词或下位词的选取

上位词、下位词的检索方法有两种，一是直接采用“扩展检索”，这种方法是考虑主题概念的上位概念词。课题“加氢裂化防污垢的开发与应用研究”，将“加氢裂化”与“防污垢”组配，结果等于零。概念向上位“石油加工与石油炼制”的概念扩大，再与“防垢剂”组配，完成了课题的要求。二是直接采用“缩小检索”，这种方法是考虑主题概念的下位概念词。如检索植物油时，使用概念向下位，如玉米油、花生油、棕榈籽油等。

（四）异称词的选取

学名与俗名指代同种物品，如大豆与黄豆、马铃薯与土豆、乙酰水杨酸与阿司匹林。有商品名或俗名时，最好将化学物质名称与它们联合起来使用。例如检索苯扎溴铵的文献，由于该物质商品名叫做新洁尔灭，所以在检索时也要将这个名称考虑进去，用物质名称与商品名组配检索。

异同与音译，如电动机与马达、逻辑代数与布尔代数、形势几何学与拓扑学、激光器与莱塞、镭射。

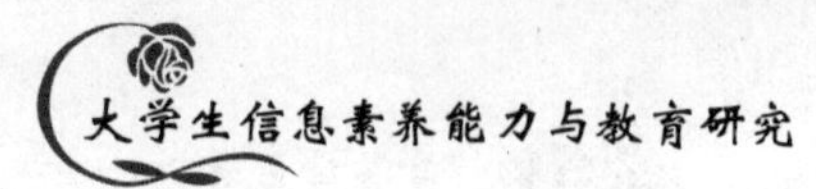

（五）简称与全称的选取

值得提醒的是，当检索的全称词里含有简称词时，则只用简称；当简称里不含全称时，检索时必须两者均用。如“肾综合征性出血热”和“出血热”，只查“出血热”即可；而“艾滋病”和“获得性免疫缺陷综合征”，则采用“艾滋病 OR 获得性免疫缺陷综合征”。

（六）翻译要准确

如中文“超分子”，错误译法：super molecular，正确译法：supermolecule；中文“数字通信”，错误译法：number communication，正确译法：digital communication。

四、构造检索式

一个好的检索式是最终实现检索策略、达到预想结果的具体表现形式。

影响查全率的因素主要有：检索词是否已扩大到穷尽、是否合理应用逻辑“或”来优化检索、是否对课题检索策略做了必要的扩大。

影响查准率的因素主要有：是否尽量选用了专指度较高的检索词，是否尽量采用了逻辑“与”、逻辑“非”和位置算符进行优化检索，是否对所检课题做了范围内的有效限制，等等。

五、调整检索策略

检索策略是指在分析信息检索需求的基础上，选择适当的数据库并确定检索途径和检索词，确定各词之间的逻辑关系与检索步骤的一种计划或思路，以制订出检索表达式，并在检索过程中修改和完善检索表达式。检索表达式是检索策略的具体体现，构造检索表达式要受到检索策略的指导和约束。

从广义上讲，检索策略是指为实现检索目标而制订的全盘计划和方案；从狭义上讲，检索策略是指检索表达式。因此，检索表达式是检索策略的综合体现，通常由检索词和各种逻辑算符、词间位置算符及系统规定的其他连接符号构成。

（一）多主题概念的课题应以“简”为主

课题由 A、B、C、D、E、F 等主题概念进行组配，其中“C”主题词，建库人员未从原始文献中挑选出来作为标引词时，该“C”主题词则表现为零，则整个检索式等于零。

例：课题“利用基因工程的手段提高植物中淀粉含量”不用检索式“基因工程＊淀粉”，而用检索式“基因＊淀粉”。

（二）少用或不用对课题检索意义不大的词

词义泛指度过大的词尽量不要出现在检索式中，如展望、趋势、现状、近况、动态、应用、利用、用途等，还有如开发、研究、方法、影响、效率等。

词义延伸过多的词尽量不要出现在检索式中，如制造、制备、生产、加工、工艺等，还有如提炼、精炼、提取、萃取、回收、利用等。

（三）尽量找全同义词和异称词

如：设备的翻译有 apparatus、equipment、device，汽车的翻译有 car、automobile、vehicle，PVC、聚氯乙烯均指 PVC 塑料，等等。

（四）检索字段的调整

根据查全率和查准率的要求进行检索字段的调整，如关键词、主题词、摘要、全文之间进行调整。

检索策略是整个文献检索过程的灵魂，它直接影响检索效果的优劣。好的检索策略往往不能一蹴而就，而是根据检索结果的数量多少及对结果相关性的判断，不断调整检索字段、修改检索词、完善检索表达式得到的。“变”是检索策略的永恒主题，检索策略需要经过“检索—阅读—策略调整—再检索……”的过程，随着对课题越来越深入的了解，不断调整，不断完善。在检索过程中，要根据查找的具体情况不断分析、调整检索标识和检索途径，直至达到满意的效果。

第五节　信息检索策略

一、检索策略的定义

广义的理解，检索策略是实现检索目标的途径与方法，是为实现检索目标而制订的全盘计划或方案。检索策略具体包括以下流程：分析信息需求，选择检索工具，拟定检索词，明确各检索词之间的逻辑关系与检索步骤，制定、调整和优化检索式，以及获取和管理检索结果。这也是进行一次检索的完整步骤和合理流程安排，要在分析检索需求的基础上，确定用于检索的数据库，确定检索用词，并明确检索词之间的关系以及查找步骤。

检索策略体现了对检索的总体计划和全部过程，也可以将其理解为检索步骤、检索流程、检索过程、检索条件设置等。检索策略的优劣，直接影响着检索效果。

检索策略指导着整个检索过程，因此，包括了绝大部分检索相关基础知识的应用。

二、检索式的定义

具体到检索过程中，检索者要构造一个既能表达信息需求，又能为计算机或各类搜索工具所识别的检索表达式。这个检索表达式，人们也常将其称为检索式。检索式，是狭义理解上的检索策略，是检索策略的具体体现。

检索式是表达检索提问的逻辑表达式，是将检索词、检索字段、检索算符等检索要素组织在一个计算机可识别并可执行的检索语句中，用以表达复杂的检索需求，完成检索任务。

最简单的检索式，可以只是一个检索词（关键词或号码等），就像人们经常在搜索引擎中做的，输入一个关键词，就属于这种情况。如果希望检索结果满足更多更精细的要求，就需要更复杂一些的检索式，比如，可以给检索词添加检索字段，以限定检索词在文献信息中出现的位置和重要程度等；再复杂一些，则可以包含多个检索词和检索字段以及检索算符，甚至多重嵌套条件。关于如何选择检索词、常用的检索字段和有哪些检索算符，我们在后面会进一步讲到。

一个课题的检索式表达未必是唯一的，而是可以有各种选择、描述、限定和组配方式，这些都可以通过各种检索算符来体现。

检索式在检索中可一次设置完成，也可分为多步完成，检索者可以根据信息需求和信息源的特点以及自身需要，灵活编制、运用检索式，达成检索目标。

三、检索策略详解

（一）分析课题

分析课题，即分析信息需求，是实施检索中最重要的一步，是检索效率高低或成败的关键。面对一个课题，需要明确它的研究范围、研究现状以及将要达到的检索目的。

1. 明确检索目的

明确检索目的指明确所需信息的用途，是为编写教材、撰写学科总结或进行专题综述系统收集信息，还是为申请专利或鉴定科技成果需利用信息说明其新颖性和创新性？还是为解决某一技术问题，需利用相关的技术信息提供借鉴或参考？还是为技术预测或决策提供背景材料？等等。

2. 明确检索要求

明确检索要求是指明确所需信息的类型、语种、数量、文献范围和年代等，以控制对查新、查准、查全的指标要求及其侧重。

（1）信息的类型

如要了解科技的最新动态、学科的进展、了解前沿、探索未知，则强调一个“新”字；如要解决研究中的具体问题，则要强调一个“准”字；如要了解全过程、写综述、做鉴定、报成果，就要回溯大量文献，要求检索全面、详尽、系统，则要强调一个“全”字。检索目的不同，主题分析选取主题范围的广度与深度则不同。若要系统、全面收集有关信息，则选取主题范围的面要宽一些，所得信息的泛指性要强一些；若需利用有关信息为某一技术问题提供解决的方案做参考或借鉴，则选取主题范围的面要窄一些，所得信息的专指度要高一些。

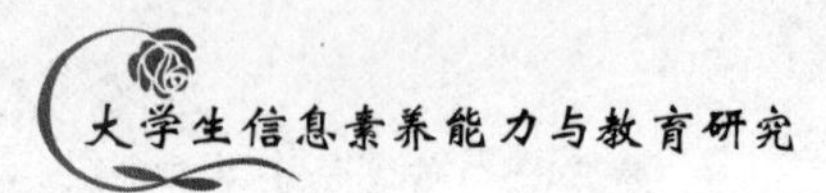

课题的类型主要包括下面几种情况：

第一，查全型。开题、编写教材、基础研究或应用理论研究的课题。

第二，查准型。用户需要查询在科研、生产进行当中遇到的非常专指或是细微的问题。

第三，动态型。研究开发和应用新技术、新理论的课题。

第四，查新型。某项技术或新产品在研制开发完成后，要对同类研究项目或相关研究项目等有关的专利及非专利文献资料对比分析所进行的检索。

（2）确定检索的时间范围

每一项研究理论和技术都有其发生、形成和发展的过程，为提高检索效率，检索时应根据研究课题的背景，即有关知识发展的形成期、高峰期和稳定期，来确定检索的时间范围，对于发展较快的学科领域来说，首先要查找最近几年的文献。

3. 分析课题的主题内容

了解课题的背景知识是进行课题检索的基础，课题的背景知识包括课题研究的对象及其所属的学科，主要涉及的内容包括研究方法、使用器材、主要研究单位和人员等。

获取背景知识，可以询问专业人员，也可以阅读一些入门的相关文献。

找出课题所涉及的主要内容和相关内容，形成主要概念和次要概念，选取主题词。要注意课题分析获得的是反映课题主要内容的概念，而不是文献篇名中字面的罗列和堆砌。

（二）选择检索工具

根据课题分析的结果，确定了自己的检索目的和主题内容之后，下一步就是选择适用的检索系统。要根据课题要求，选择与所查课题和信息需求相适应、学科专业对口、覆盖信息面广、报道及时、揭示信息内容准确、有一定深度的、检索功能比较完善的检索工具。

1. 了解检索工具的收录和质量等情况

不同的检索工具，其收录的学科类别、文献类型、文献收录的时间跨度、覆盖的地理范围、文献记录的详略程度、是否提供全文、语种情况等方面都会存在差异，要根据所查课题的需要，加以选取。

一般来讲，学科属性是考察检索系统是否适用的首选因素。首先，要保证所选择的资源与检索课题的学科一致；其次，应考虑所选资源在该学科领域的权威性如何，尽量以权威性的专业数据库为检索工具。

课题的检索范围包括时间、地理、文献形式和资料类型的范围。另外，与课题的学科特点也有很大关系。比如，社会人文科学方面的课题受地域因素的制约，在资料的检索范围上应当有所侧重，有关中国社会问题的研究应着重参考有关的国内文献；对于科学技术，特别是高科技领域方面的课题，仅仅查阅国内的文献是不够的，还必须查阅先进国家的研究情况。

对检索系统的正确选择必须建立在对可利用资源全面了解的基础上，同时充分认识各种检索系统的类型、内容、意义和功能，如需要系统掌握某学科知识，可以选择图书；如需要写研究项目开题报告、学术研究和技术攻关，可以选择研究报告、科技论文、学位论文、会议文献等；如需要进行发明创造、工艺改革、新产品设计、引进设备和签订合同，可以选择专利说明书、标准文献、产品资料等。

2. 了解检索工具的功能和特色

不同的检索工具，会有不同的检索功能和特色，有些功能单一，有些功能多样；有些功能较简单，只提供搜索功能；有些功能较强大，在搜索之外还提供分析功能。要学会了解并有效利用检索系统的助检手段和辅助工具，如检索帮助、培训课程等。

3. 了解检索工具的检索界面、方式

在检索中，我们会经常面临检索方式的选择。检索式和检索方式表达的意思不一样，在此做一下区分。检索式是检索词、检索字段和检索算符等检索要素构成的一个表达式，而检索方式则是数据库和搜索引擎等检索工具提供的不同功能的检索界面。不同的检索界面可以为检索者提供不同的检索精度、灵活度和全面度。

一般来说，在使用数据库等检索工具时，可以根据其提供的功能设置和界面，选择不同的检索方式。最常见的就是浏览和检索两类。

（1）浏览

也称导航，是检索工具，提供导航和索引列表，如作者导航、机构导航、期刊导航等，方便使用者在导航显示列表中任意浏览查看、选择点击，而无须输入检索词。导航的顺序，常用字顺法、地域法等。

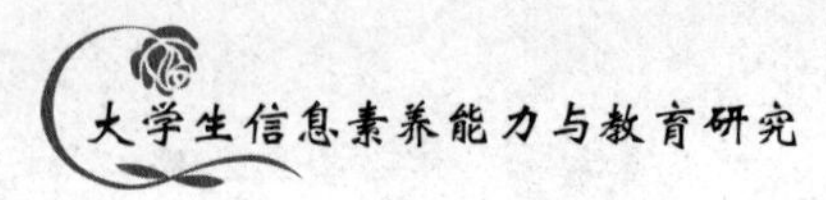

（2）检索

也称查询、搜索，提供输入框，由使用者自行输入检索词和检索式，并设置检索限制条件，以完成检索过程，得到检索结果。

采用检索的方式时，一般有三种实现不同检索精度和灵活度的方式，分别是快速检索、高级检索和专家检索。

快速检索，也称作一般检索、普通检索、简单检索、简易检索，通常用于实现单条件的简单检索。通常只可输入一个或少量几个检索词，不同检索词之间的逻辑关系往往也比较单一。快速检索简单易行，可以比较全面地查找出与检索词相关的信息，让检索者快速了解相关总体情况，但缺点是检索精度不高，不够灵活。

高级检索，往往提供多个输入框，并提供检索字段选项，以及各种检索限制条件，使检索者可以方便地输入多个检索词，并设置多种逻辑关系，以完成复杂的检索条件设置，达到更高的检索精度和灵活度。

专家检索，也称作专业检索，其灵活性比高级检索更强，可以使用的检索词往往更多，检索词间的关系也更复杂多变，能将多种检索要素集合在一个检索表达式中，更加快速、准确、灵活、高效地完成检索。

（三）拟定检索词

1. 分析提取课题概念

分析出课题所涉及的主要概念和辅助概念，并找出能表达这些概念的若干个词或词组。

主要概念，也称核心概念，是指课题研究的主要对象。课题研究的主要对象包括课题归属的专业学科名称，还包括课题涉及的具体原理、研究方法、材料工艺、应用领域等。例如，课题“3D 打印技术在建筑领域中的应用”的主要概念是“3D 打印”和“建筑”。

辅助概念，又称普通概念，其含义是指一些没有专业意义的概念。例如，课题“新一代可降解塑料薄膜研究”，其主要概念是“降解塑料”“薄膜”，辅助概念是“新一代”。

禁用词。所谓禁用词，是指没有实质检索意义，在检索过程中一般不使用的词，包括介词、冠词和连词等虚词，也包括没有事物含义的普通名词、代词、动词和形容词，如“研究”“技术”“过程”“问题”“关于”“基于”等。

2. 拟定检索词的一般方法

（1）切分

切分是对课题的语句以自由词为单位进行拆分，转换为检索的最小单元分割，自由词切分仅适用于自然语言检索。例如，检索“负载催化剂的性能与制备”相关文献，直接切分为：负载催化剂的性能与制备。当词切分后将失去原来的意思时，不应再切分，即必须注意保持意思的完整，如“中国科学院”不可切分为“中国”和“科学院”。这类词一般都是一些专有名词，如地名、机构名等。

（2）删除

删除是对自然语言中不具有实质性检索意义的介词、连词、虚词等，或使用频率较低的词，或专指性太高、过分宽泛的词，或过分具体的限定词、禁用词，一律予以删除。例如，“与”“的”“关系”“研究”“技术”“方法”“分析”“应用”“运用”“利用”“发展”等都应予以删除。

在分析提取课题概念的过程中，有些检索词中已经含有的某些概念，在概念分析中应予以排除。例如，课题“玻璃纤维增强石膏制品”，从字面上看，这个课题可划为三个概念，即“玻璃纤维”“增强”“石膏制品”，但石膏制品中加入玻璃纤维，其目的就是增强石膏制品，因此可将“增强”这一概念排除在外。又如，课题“内弹道高温高压高密度的气体状态方程”，如果把“内弹道”“高温”“高压”“高密度”“气体”“状态方程”六个概念全部组配起来，会造成大量漏检。实际上，内弹道状态方程必然是高温、高压、高密度的，而且，弹道状态方程也必然是针对气体而言的。

（3）替换

对表达不清晰或易造成检索误差的词，用更明确、具体的词予以替换。例如，“绿色包装”中的“绿色”，应替换为“环保”“可降解”“无污染”等。

（4）补充

补充是进行同义词、近义词、相关词、缩写词、翻译名等方面的查缺补漏。例如，“二氧化钛”应考虑补充“TiO_2”。

（5）组合

组合是对概念进行语义上的组配、合并，使概念的集合转换为主题词的集合。

自由词的概念组合方式有4种：

① 概念相交组合，即内涵不同、外延部分重合的两个相同性质的概念之间的组配。组配产生一个新概念，这个概念分别属于这两个概念的下位概念。

② 概念限定组合，即两个不同性质的概念之间的组配，其中一个概念反映了另一概念的某一方面、某一特征或时空中的某一部分。限定的结果也产生一个新概念，它表示该事物的某一方面或某一特征。例如，数学＋基础理论＝数学基础理论。

以上两种组配方式所得到的新概念都是原组合概念的下位概念，缩小了检索范围，提高了概念的专指度，提高了查准率。

③ 概念概括组合，即两个或两个以上的同级概念相加或并列，组配结果形成一个新概念，作为原来概念的属概念。例如，文学理论＋艺术理论＝文艺理论。

④ 概念联结组合，这种组配表示几个概念之间的联系，并不形成新的概念。例如，档案学＋图书馆学＝档案学和图书馆学。

组合的条件如下：①当组配表达会产生意义失真时，不用组合表达。例如，用“蘑菇”和“战术”两个词来组合表达“蘑菇战术”这个概念，“蘑菇”一词在检索时独立使用会产生误检，所以应直接采用专指性词组，即用“蘑菇战术”这一词。②某些专业词汇和专有名词不必用组配，可直接采用专指性词组，如“收录两用机”。③当组配表达不可能得到组配长处时，就采用专指性词组。例如，“文化水平”一词就不必分拆成“文化”＋“水平”。因为“水平”一词并没有检索意义，不能成为一个检索词。

（6）增加

对于提取的检索词，除具有我们所期望的意义外，是否还有其他含义，如果有，就应该给它增加“限义词”，分析隐含概念。

增加“限义词”的方法主要有：直接增加限义词、挖掘隐含词、提取潜在的检索词，还可以把限义词以逻辑的方式加入，采用逻辑“与”或逻辑“非”的方法来增加。

分析隐含概念就是挖掘潜在的主题词，还可通过对上位词、下位词、同类词关系进行分析得到其他相关主题词。例如，检索“F117A潜隐战斗机”的相关文献，主题词是“隐身飞机”和“F117A飞机”，隐含主题是“武器”。又如，“智力测试”，隐含着“能力测试”“态度测试”“创造力测试”等概念。

（四）制定、调整和优化检索式

1. 制定检索式

检索式是既能表达检索课题需求，又能为计算机识别的检索表达式，其构成包括检索词、检索字段和检索算符，此处强调一下检索字段的具体选择。

检索字段是指文献信息的特征项目，对应于数据库中的字段标目，是检索的出发点，以前常用“检索途径”这一术语，现在常用的名称还有检索项、检索入口、检索点等。

常用的检索字段主要有：分类、主题、作者、团体作者、篇名、摘要、关键词、号码等。每种文献均有内容特征及其相关的外表特征，分类、主题等字段反映文献信息的内容特征，作者、名称和号码等字段反映文献信息的外表特征。检索时从文献的特征出发，将其特征值与检索系统中的标目数据进行比较，通过匹配达到检索目的。

（1）分类字段

分类字段检索是从文献内容所属的学科类别出发来检索文献，它依据的是一个可参照的分类体系，具体表现为分类表、分类目录、分类索引、分类导航、分类专辑等，检索时可使用分类号或分类类目。分类字段检索能满足族性检索的需求，查全率较高。

（2）主题字段

主题字段检索是以课题的主题内容为出发点，按主题词（包含关键词、叙词、标题词等）来查找文献。主题字段对应文献主题概念，主要包括题名、关键词、摘要。以主题作为检索途径能满足特性检索的需求，查准率较高，适合查找比较具体的课题。

（3）作者字段

作者字段检索是从文献的作者姓名出发来检索其文献。作者包括个人作者和团体作者，个人作者广义上还应包括汇编者、编者、主办者、译者等，团体作者包括作者所在单位。

（4）名称字段

名称字段检索是从各种事物的名称出发来检索文献信息。名称包括书名、刊名、资料名、出版物名、出版社名、会议名、物质名称等，也包括人名和机构名。书名索引、会议名称索引、书目索引、刊名索引等都提供了从名称进行检索的途径。

（5）号码字段

号码字段检索是以号码特征来检索文献信息。号码包括文献的编号、代码等，它们是文献信息的一些特有的外表标志。号码多种多样，通常用数字、字母或用它们结合的形式或以分段的方式来表示其各部分的含义。比如，图书有国际标准书号ISBN，期刊有国际标准刊号ISSN，科技报告有报告号、合同号、拨款号等，专利文献有专利号、入藏号、公司代码等，馆藏单位编有馆藏号、索取号、排架号等。它们各自按号码顺序，或以数序、字序或混合序列检索，比较机械、单纯，不易错检或漏检。若已知书名、刊名、作者姓名或序号数码的文献，则可直接判断该文献的有无。

2. 调整和优化检索式

检索是一个动态的随机过程。在实施检索之后，要对检索结果进行评估，判断检索结果是否理想，再根据结果情况，进行调整和优化检索式的操作。

一般来说，初次检索得到结果后，大致浏览检索结果，分析其全面性、准确性、新颖性等方面的检索效果，再据此调整和优化检索式。如果检索出来的文献量太多，就需要考虑适当缩小检索范围，减少检出量；反之，则要采取相反的措施。这个过程可以进行多次，直到逼近相对更优的检索效果。

若发现以下三种情况：显示太多与研究课题不相关的记录，显示太少与研究课题相关的记录，没有与研究课题相关的记录，都必须重新思考并建立检索命题，对检索策略进行优化，进行缩检或扩检。

调整检索式，可以从构成检索式的三个部分入手，检索词、检索字段、检索算符都可以修改。

从检索的整体流程看，除了检索式可以调整，其他各步骤涉及的事项也可以根据需要灵活进行调整，包括检索工具、各种限制条件等。

3. 检索式编制的注意事项

不同的课题，不同的检索目的，有不同的检索方法和策略。一般来说，使用逻辑与算符越多，专指性则越强，查准率就越高；使用逻辑或算符越多，检索范围就越大，查全率就越高；使用逻辑非算符去掉不相关的概念，也可提高查准率，但用时要慎重，以免漏检。另外，在制定检索策略时，不要连续使用多个位置和逻辑算符，以免限制过严而导致漏检文献。

（五）获取和管理检索结果

1. 浏览和分析检索结果

浏览检索结果，若内容相关，则可及时完整地记录保存，以备后续查看或进一步索取原始文献。可以充分利用检索工具或数据库的多种浏览和排序功能，高效浏览检索结果。

由于数据库等检索工具常常收录了海量文献，所以检索到的文献信息量往往也数量巨大，导致人们无法有效地全部阅读使用，所以通常需要对获得的检索结果进行分析，以便对信息进行有效利用。有很多数据库提供了对结果的分析功能，可以对结果进行多角度的聚类、排序、过滤等操作，要学会充分利用数据库自带的分析功能，总体上把握检索结果反映出的信息。

2. 选择和记录文献线索

可以按照自己的需求和检索工具提供的不同格式，对选中的文献进行标记、记录、导出、关注、分享、收藏、打印、保存、下载、邮件订阅等各种操作。

3. 获取文献原文

当文献类型和出版物的全称明确以后，即可利用各种馆藏目录或联合目录查找所需文献的收藏机构，进行借阅或复制；或通过网络全文数据库检索，直接下载得到原文；通过搜索引擎搜索获得部分原文；通过作者个人主页或博客获得原文；与作者联系获得原文；通过馆际互借、文献传递等方式获得原文；等等。

第四章

文献信息检索的基础知识

第一节　文献信息检索概述

一、文献信息检索的含义

（一）文献信息检索的概念

信息检索（Information Retrieval），是指将信息按一定的方式组织和存储起来，并根据信息用户的需要找出有关的信息的过程与技术。其全称又叫“信息存储与检索”（Information Storage and Retrieval），这是广义的信息检索。狭义的信息检索则仅指该过程的后半部分，即从信息集合中找出所需要的信息的过程，相当于人们通常所说的信息查寻（Information Search）。

因此，从狭义的角度，我们也可以这样理解信息检索：就是根据一定的课题需要，从众多的文献中，借助检索工具（或参考工具）查寻与课题有关的文献或者课题所需要的事实与数据的过程。

（二）文献信息检索的发展

信息检索源于19世纪前叶。随着近代科研团体的出现，集体研究效率的提高，文献量逐渐增多，为方便人们查找文献，一种新的社会工作诞生了——对所有发表的文献，及时地进行收集、整理和加工，并提供一定的手段，让人们快速检索到自己所需要的文献。也就是我们说的信息检索工作的雏形。

19 世纪末 20 世纪初，出现了覆盖各种专业领域的手工检索工具书，并在 19 世纪 30 年代慢慢成熟起来。其中某些检索工具历经长期发展，逐步成为世界闻名、享有很高声誉的检索工具，如美国的《工程索引》和《化学文摘》、英国的《科学文摘》，等等。

到 20 世纪 40 年代以前，信息检索还只有手工检索一种方式，且发展速度较为缓慢。到了 20 世纪 50 年代，出现了一些半机械化、机械化的检索操作方式，例如各种穿孔卡片检索工具。这些检索工具的诞生，一方面打破了完全依赖手工操作的检索方式，另一方面也产生了组配的检索思想，为计算机信息检索的发展，提供了逻辑基础。

1946 年世界上第一台计算机问世，1951 年，世界上最早的计算机检索系统出现了。从 20 世纪 60 年代起，随着计算机性能的提高，储存量的扩大、价格的同步下降，计算机信息检索的发展获得了坚实的物质基础。计算机信息检索逐步从脱机信息检索，发展到联机信息检索，再到如今的因特网信息检索，渐渐超越手工信息检索而成为现代的主要检索方式。

20 世纪 70 年代，随着卫星技术和通信技术的发展，联机信息检索突破了地域的限制，走向全球化。一些著名的联机信息检索系统，如 DIALOG、ORBIT、BRS、ESA—IRS 等，开始向全世界提供商业化的联机信息检索服务。与此同时，在这段时期内，许多手工信息检索工具也针对新的社会需求和信息技术的背景，进行了相当程度的调整，进一步趋于成熟。

20 世纪 80 年代，联机信息检索从主要为科学研究提供学术信息，逐渐走向主要为工商经贸领域的企业用户提供商业信息服务。各大联机信息检索系统都强化了面向企业用户的商业化措施，推出了一些新的商业信息检索服务。同时，在联机检索领域内，也出现了多起收购和兼并检索服务机构的事件，使得联机信息检索的竞争更为激烈。

20 世纪 90 年代，网络检索、多媒体检索突飞猛进，迅速崛起，对传统信息检索提出了严峻的挑战。1992 年，因特网向全世界的社会公众开放，并步入商业应用时期。1994 年，网上出现了第一个 Web 搜索引擎。到 1998 年，网上的搜索引擎数量已达 400 个之多。伴随着人类社会的信息化、网络化进程加快，信息检索开始步入分布式网络化检索时期。网络检索以极低的费用、海量的信息、迅速的存取以及对多媒体功能的支持，很快改变了计算机信息检索的发展格局。

综上所述，信息检索经历了从手工检索到机械检索，再到计算机检索的发展过程。

（三）文献信息检索的原理

信息检索包括存储和检索两个过程。信息的存储就是信息组织的过程，将无序的信息转换为有序的信息集合的过程。它是根据一定的规则、方法和技术对信息的外部特征和内部特征进行揭示和描述，并按一定的原则和方法进行加工处理，使之有序化。信息的存储是信息传播和检索的基础和前提，它包括信息选择、信息分析、信息源表述和内容揭示、信息重组和信息存储。这一过程主要由信息工作人员完成，他们通过信息组织将文献信息转化为文献标识，序化后构成信息检索系统库。

信息的检索是查找信息的过程，是用户对信息的需求。它是用户为解决特定的问题，使用相应的检索工具、适当的检索方法和检索途径，从信息检索系统库中获取问题的解答的过程。这一过程是由信息用户，也就是检索人员来操作的，他们将检索问题按照科学的程序分析研究，转换成检索标识，再把检索标识拿到信息检索系统库中，如有与它一致的文献标识，则该文献标识对应的信息就是用户所需要的内容。信息检索实际上就是将反映特定信息需求的提问标识概念与存储信息的文献标识概念进行比较和匹配，从中找出与提问概念特征一致的信息。因此，信息检索的本质就是提问标识与文献标识的对比。

二、文献信息检索的类型

用户的信息需求是多种多样的，随着信息检索技术的不断发展，也产生了多种类型的信息检索。按照不同的标准可以把信息检索划分为不同的类型。按信息检索的对象或内容进行划分，可将信息检索分为全文检索、文献线索检索、事实信息检索、数据信息检索、多媒体信息检索。

（一）全文检索

全文检索是目前应用最为广泛的一种检索方式，它是以文献所含的全部信息作为检索内容，即检索系统存储的是整篇文章或整部图书的全部内容。全文检索是利用全文数据库，以机器可读的字符代码形式或文献页面扫描图像形式来存储文献的正文内容，以便于用户以任意字、词、句、段落等为存取点查询全文信息。

全文检索系统和传统的信息检索方式不同，它不是对文献特征的格式化描述，而是用自然语言深入揭示知识单元，根据全文的自然状况直接设置检索点，使用户采用自然语言即可检索未经标引的信息。

全文检索最常用的检索工具是：全文数据库。如中国知网 CNKI（可查会议论文、期刊论文、学位论文、报纸等文献全文）、超星数据库（可查图书的全文）等等。

（二）文献线索检索

文献线索检索是指利用检索系统查找文献的出处，再根据检索系统提供的线索来获取原文，其检索结果为文献线索。文献线索包括书名或论文题目、著者、出版者、出版地、出版时间等文献外部特征。

用于检索文献线索的工具有目录、索引、文摘及书目型数据库和索引题录型数据库。

文献线索检索最典型的代表就是我们通常所说的图书馆目录检索系统——OPAC，此外，E 读、Ei（工程索引）等均属于文献线索检索工具。

（三）事实信息检索

事实信息检索是以特定客观事实为检索对象，借助于提供事实检索的检索系统进行检索，其检索结果为基本事实。如某个字、词的查找，某一诗词文句的查找，某一年、月、日的查找，某一地名的查找，某一人物的查找，某一机构的查找，某一事件的查找，某一图像的查找等。

一般来说，事实信息检索多是利用词语性和资料性工具书，包括字典词典、百科全书、索引、文摘、书目以及学科史著作、科普读物等。

常用的查找事实信息的计算机检索工具有：CNKI—中国年鉴出版总库、CNKI—工具书、万方数据知识平台—学者、机构库等。

（四）数据信息检索

数据信息检索又称“数值检索”，它以数值或图表形式表示的数据为检索对象，是一种确定性的检索。检索系统中存储的是大量的数据，这些数据既包括物质的各种参数、电话号码、银行账号、观测数据、统计数据等数字数据，也包括图表、图谱、市场行情、化学分子式、物质的各种特性等非数字数据。

常用的查找数据信息的计算机检索工具有：EPS全球统计数据/分析平台、CNKI—中国经济与社会发展统计数据库、国研网数据库、中国航贸网、中宏数据库等。

（五）多媒体信息检索

多媒体信息检索以“多媒体”为检索对象，包括图形、图像、视频、音频等。多媒体信息检索可分为基于文本方式的多媒体信息检索和基于内容特征的多媒体信息检索两种形式，就目前的发展情况而言，基于内容的多媒体检索具有更大的利用价值和更多的应用领域。基于内容的检索是根据媒体和媒体对象的内容以及上下文的联系，在多媒体数据库中进行检索。它的目标是提供能自动识别或理解声音、图像、视频重要特征的算法。

常用的查找多媒体信息的数据库有：泰克贝思多媒体教学资源库、库克音乐视频数据库、万方视频数据库、超星学术视频数据库、爱迪科森网上报告厅等。

此外，信息检索的类型还可以按检索方式（或手段）分为：手工检索、计算机检索、综合检索。

三、文献信息检索的语言

检索语言是一种人工语言，用于各种检索工具的编制和使用、并为检索系统提供一种统一的、作为基准的、用于信息交流的一种符号化或词语化的专用语言。因其使用的场合不同，检索语言也有不同的称谓。例如在存储文献的过程中用来标引文献，叫标引语言；用来索引文献则叫索引语言；在检索文献过程中则为检索语言。

检索语言作为文献检索中用来描述文献特征和表达信息提问内容的一种专门化的人工语言，是沟通信息存贮和检索两个过程中标引人员和检索人员的工具，它在信息检索过程中所起的作用极为重要。只有很好地使用检索语言，信息组织的目的——文献检索才能实现。因此，了解并掌握检索语言是很必要的。

（一）检索语言的概念

所谓检索语言，就是根据文献信息存贮与检索需要而编制的一种人工语言，它是在自然语言的基础上发展而来的，由符号系统、词汇和语法三大要素组成。

（二）常用检索语言

从常用角度看，检索语言按描述学术文献的出版特征可划分为内容特征语言（主题、分类）和外表特征语言（篇名、著者等）；按构成原理则可划分为分类语言和主题语言。其中主题语言是研究者刚进入项目研究领域时最常用的检索语言，但由于它们属于不同的语言系统，具有不同的组织原理，因此不可能相互取代。

1. 分类语言

把概念按学科性质上的逻辑关系组织起来的检索语言，称为分类语言。其特点是用分类号表达各种概念，并将各种概念按学科性质进行分类和系统排列，具有学科等级制结构特点，能够集中体现学科的系统性，反映学科之间的从属、派生、相关等关系。

分类语言是以学科分类为基础的一种信息检索语言，很好地体现了学科的系统性，反映了学科的纵向关系，有较高的族性查全功能，适合查找某一类的文献的检索，如“检索2020年航道工程方面的最新文献”就可以借助《中图法》找到“航道工程”对应的分类号（U61）进行检索，也可以利用其分类导航系统通过“工程科技编辑”—“公路与水路运输”—“水路运输”—“航道工程”类目的逐层查找来找到所需要的文献内容，两种方法都可以将有关“航道工程”类目的所有相关文献找出来。

分类语言也是目前国内手工检索工具组织文献的主要方式。

与此同时，分类语言也存在一定的缺陷。首先它使用的标识符号是号码，在检索文献时需要将检索需求转换成相应的分类号码（即主题概念—学科概念—分类号码)。例如，查找有关“船舶设计方面”的文献资料，首先要提取课题的主题概念“船舶设计”，然后将其转换成所属学科（U大类），再按照分类表转换成学科概念及相应的分类号（U662），才能到检索工具中进行检索，对于图书馆检索人员和熟悉专业学科的检索人员来说，这种转换不难，但对于一般用户来说可能就有检索障碍了。其次，也正是由于其较高的族性检全功能，又导致了从不同学科论述同一事物的文献的分散。例如在《中图法》中有关粮食的栽培分在农业大类中，粮食的贸易分在经济大类中，粮食的食品加工分在轻工业大类中，等等。对于相互渗透的学科难以反映，检索分散在不同的学科中的某一主题的文献有一定难度，更难以实现概念的组配检索。

2. 主题语言

主题语言是一种描述语言，即用自然语言中的名词、名词性词组或句子描述文献所论述或研究的事物概念。如我们在搜索引擎中检索有关“数据挖掘”文献时输入的“数据挖掘”，利用数据库检索有关“大学生素质教育”时输入的“大学生*素质教育”就是主题语言。

其特点是直接通过词或词组来表达概念，并将检索的内容通过一个词或几个词的逻辑组配来标识。具有较好的专指性，便于特性组配检索。使用主题语言检索文献具有直指性强、专指性高的特点。检索者不必从知识体系的角度去判断所需文献属于什么学科，只要根据课题研究对象，直接用能表征、描述文献内容的主题词去查检即可。

主题语言的具体表现形式是主题词表，如我们国内普遍使用的《汉语主题词表》《物理学汉语主题词表》等。

主题语言主要包括标题词、关键词和叙词三种。

（1）标题词语言

这是主题法语言中最早出现的一种，它是采用经过词汇控制的比较定型的事物名称和名词术语作为标识来直接表达文献所论及或涉及的事物（主题）。

标题词语言一般采用单级标题和多级标题两种，在多级标题中主标题与副标题的搭配一般也为固定的。在编制标题词表时，列举的所有作为标题词的规范化语言均按字顺排列。用户在利用相应的检索工具进行检索时，必须遵循词表中已经规定的组配进行。

（2）关键词语言

它直接选用文献标题、文摘或正文中有实质意义的并能揭示文献主题内容的词或词组来标引和检索文献的主题概念，是一种自然语言的形式。

关键词语言最大的优点是选词方便、快捷，尤其在新技术、新理论层出不穷的今天，有些词表的发展是无法满足的，因此它被广泛地应用在计算机检索中。

但是，关键词未经过规范化的处理，直接取自文献的题目和内容等，每个词都可以作为检索标识，检索时容易造成误检；同时，表达同一概念的词（如：计算机、电脑）标引时采用不同的词，在检索时还容易造成漏检。因此，有些计算机检索系统增加了同义词库，如重庆维普资讯数据库——“中文科技期刊数据库”就采用同义词库来解决同义词的问题。

（3）叙词语言

叙词是指具有组配功能并经过规范化处理的表示单元概念的名词或名词性的词、词组。通过叙词作为存贮和检索文献的标识系统称为叙词语言。

叙词语言是主题词语言的高级形式，它将经过严格规范化处理的自然语词作为概念组配单元的标识，用来存贮和检索文献，叙词在检索工具的实际应用中也常常被直接称为主题词。前面我们介绍的 OPAC 检索系统中使用的“主题词”就是“叙词”，是依据《汉语主题词表》为图书和期刊进行的标引。叙词语言普遍应用计算机检索中，一般在检索系统中会提供一个“叙词表”，它一般会通过“检索词字典”“检索词索引”等体现出来。

四、参考文献资源管理

参考文献又叫参考书目，记录作者在撰写论文过程曾经借鉴、引用过的重要文章和著作。按照规定，凡引用前人或他人的观点、数据和材料等都要在文中出现的地方标明，并在文末或书末列出，这项工作叫参考文献著录。

（一）参考文献正确著录的意义

第一，“参考文献”的正确著录，是落实《著作权法》、尊重“知识产权”的重要措施。论文作者直接或间接地引用他人的著述，提供背景材料，注明了被引理论、观点、方法、数据的来源，这是学术道德的体现。如果每一位作者都自觉做到这一点，就可以杜绝任意抄袭他人成果的学术公害。

第二，“参考文献”是衡量论文质量的一条重要尺度。引用资料的广泛性、经典性和比较分析，通常代表着作者的理论视野和论述的深入程度。那种“人云亦云”的浅俗文风，则可以从材料使用的随意之处中清楚地暴露在编辑和读者面前。

第三，认真做好“参考文献”的正确著录，是培养和锻炼优秀文风的有效途径。

第四，作者正确标注“参考文献”，将为期刊编辑工作带来方便，不仅可以为编辑提供审订稿件和编辑刊物的方便，也可以为稿件的顺利和快速采用创造更好的条件。

（二）参考文献的著录项目

参考文献需按照 GB 7714 推荐的顺序编码制格式著录。具体的著录项目有：①主要责任者（专著作者、论文集主编、学位申报人、专利申请人、报告撰写人、期刊文章作者、析出文章作者）。多个责任者之间以“,”分隔，注意在本项数据中不得出现缩写点“.”。主要责任者只列姓名，其后不加“著”“编”“主编”“合编”等责任说明。②文献题名及版本（初版省略）。③文献类型及载体类型标识。④出版项（出版地、出版者、出版年）。⑤文献出处或电子文献的可获得地址。⑥文献起止页码。⑦文献标准编号（标准号、专利号……）。

第二节　文献信息检索的基本过程与方法

一、分析检索课题

分析检索课题，明确检索要求，为制定检索策略提供依据。首先要对文献信息检索的需求进行分析。

（一）检索课题的类型

不同类型的课题，对查全率和查准率有着不同的要求。

1. **重要文献信息检索**

针对部分重大课题项目（如国家社会科学基金项目、国家自然科学基金项目等）或自行开展的有重大突破性研究的项目开展的文献信息检索，我们称之为重要文献信息检索。

这类文献信息检索要求很高，要有较高的查全率，一般需要借助专业馆员的帮助，必要时还要到科技查新站进行查新检索，并提供查新报告。有时，还需要到异地进行调研，搜集有关文献信息。这类检索一般需要一定的检索费用。

这种类型的检索除要获取检索结果外，还要说明检索工具、检索范围、检索策略、检索方法等，以便为他人的研究和评价提供依据。

2. **一般文献信息检索**

针对自行开展的一般性研究或普通教学需要而开展的文献信息检索，我们称之为一般文献信息检索。

这类文献信息检索要求不是很高，不要求有较高的查全率，只需查出重要的文献信息就可以了，但一定要注意查准率、时效性和新颖性，可以自己进行检索。如果检索顺利，一般不需要借助专业馆员的帮助，也不用开展更加广泛的文献信息调研但也需要按一定的检索方法进行正式的检索。

3. **简单文献信息检索**

针对某些简单的文献信息需要（如查找某个概念、数据或某个确定的文献等）而开展的文献信息检索，我们把它称为简单文献信息检索。

这类文献信息检索对检索的准确性要求较高，可以选择最简便的方法，利用各种搜索引擎和事实型数据型检索工具来查找。当然这类检索有时也存在查不到的可能性，那么就需要进一步检索，也可以借助某些图书馆提供的虚拟参考咨询服务来解决我们的检索问题。

（二）检索课题涉及的学科范围

通过分析检索课题，找出课题所属具体学科及相关交叉学科，以便提取分类号，这对选择合适的数据库（检索工具）非常重要当然，如果能把课题所属学科准确定位在最恰当的学科类目中，那么检准率就会大大提高。

（三）检索课题涉及的文献类型及数量

文献按出版方式进行划分，可以划分为 11 种类型。针对某课题查找文献类型的顺序通常为：与课题相关的科技报告、会议文献、期刊论文、图书、学位论文和专业报纸等。需要兼顾检索课题的类型（重要文献信息检索还是一般文献信息检索）、查全率及查准率的要求来具体分析选择哪些文献类型来查找。同时明确所需文献的数量限制，有助于制定检索策略和控制检索费用。除此之外还要明确查找文献类型的语种、出版年代、地区范围等等。

（四）检索课题涉及的主题概念

从主题角度，分析检索内容属于哪个主题或哪些主题？以便从主题角度进行检索。可以从课题中提取相关概念，它们是选择检索词的依据。

（五）其他已知条件分析

如有其他已知条件，如著者信息、机构信息、题名信息、期刊信息、出版年月信息、文献号码信息（专利号、标准号、报告号）等也要提取出来，它们都是文献信息检索的检索点。

二、选定检索工具

明确了信息需求后，就需要根据检索的最终目的选择一个合适的检索工具。检索工具涉及的学科种类、出版类型以及著录方式多种多样，我们必须根据查找课题的具体情况，进行合理的选择。我们常说分析检索课题是选择检索工具的基础，如果第一步课题分析得比较全面、准确，那么检索工具的选择就会比较精准、合理。

（一）检索工具的定义

检索工具是人们用以报道、存贮和查找（文献）信息的工具。人们将各种原始文献经过整理、分析、加工形成各种形式的二次文献，并提供检索途径，可以让用户从不同角度迅速地查找所需的文献线索等信息。一般说来，检索工具必须具备下列 4 项条件：①对所收录的文献的各种特征（包括外部特征和内容特征）有详细的描述。②每条描述记录都标明有可供检索的标识。③全部描述记录科学地组织在一起。④具有多种必要的检索手段。

（二）检索工具的种类

1. 按信息处理手段划分（信息的存储和检索设备）

（1）手工检索工具

手工检索工具指利用印刷型的载体来处理和查找文献信息的工具，如卡片式目录、书本式检索工具等。传统的手工检索采用人工匹配的方式，由检索人员通过手翻、眼看、脑力判断对检索提问标识与信息特征标识是否相符进行比较，并做出文献选择。

一部完整的手工检索工具通常由使用说明、著录正文、索引和附录几部分组成。正文由文摘、题录或目录组成。索引是手工检索工具中最重要的部分，没有索引的目录、题录和文摘，只能起到报道作用，不能起到检索作用，不能称为检索工具。手工检索工具比较典型的代表是《全国报刊索引》。

手工检索工具一般只提供文献线索，不提供原文。

（2）计算机检索工具

计算机检索工具指通过计算机来处理和查找信息的一种电子化检索工具，这部分通过计算机存贮和检索的资源也称数字资源或电子资源，相应的检索工具包括为网络信息检索和数据库检索系统等不同的类型。

网络信息检索通常指利用各种搜索引擎来检索。

数据库信息检索是指人们在计算机或网络终端上，使用特定的检索指令、检索词和检索策略，从计算机检索系统的数据库中检索出所需要的信息，再由终端设备显示、下载、拷贝、打印的过程。它分为在线数据库、镜像数据库等等。

在线数据库是指数据存储在数据商的服务器上，用户需要通过Internet网络进行查找，特点是：数据实时更新，可以检索到最新文献，但检索结果受网络及开发商服务器质量的影响，如果网络不畅通或服务器有问题均会影响到检索结果。

镜像数据库是指用户将数据存储在本地（本馆）服务器上，用户直接登录图书馆服务器即可检索。它的特点是：响应快、数据定期更新，检索的数据信息一般为三个月或者半年之前的信息。

2. **按收录范围划分**

（1）综合性检索工具

综合性检索工具指包括多个学科或全部学科领域的检索工具。如：中国知网检索平台、万方数据资源、重庆维普资讯数据库等等。综合性检索工具收录的学科多、文献质量高。

（2）专业性检索工具

专业性检索工具指仅涉及单个学科或单个专业、专题范围的检索工具。如：Lloyd's law reports（劳氏法律报告）、交通运输科技信息资源共享平台等。专业性检索工具收录的是单一学科或相近学科的文献，针对某一学科或相近学科而言收录的文献比较全、但文献质量良莠不齐。

3. **按著录方式划分**

主要是依据对原始文献的加工和对记录的著录方式的不同来进行的划分，常见的有目录、题录、文摘、全文等形式。

（1）目录型检索工具

目录，是以单独出版物为揭示单元的，即以种（如图书、期刊）为单位进行记录和报道文献的检索工具称为目录型检索工具。它主要反映文献的出版和收藏单位的情况，如书名目录、馆藏目录、引用出版物目录等。一般来说只论述文献外部特征（如书名、著者、出版项等），不涉及文献的具体章节或期刊中的具体文章，如图书馆馆藏目录——OPAC 检索系统。

（2）题录型检索工具

题录，是以单篇文献为著录单位，如期刊中的一篇文章，图书中的一部分。其著录项目一般包括文献篇名、著者姓名、文献出处（出版物名称、卷、期、页码、年代）等。由“题录”作为记录形式的检索工具，称为题录型检索工具。如：CCC 外文期刊网。

（3）文摘型检索工具

文摘也称摘要，常以简练的形式，将某一学科或专业的原始文献的主题范围、目的、方法等做简略、准确的摘录。文摘型检索工具是在题录型检索工具的基础上发展而来的，其记录不仅著录文献的外部特征信息，也著录文献的内部特征，同时记录文献的浓缩内容，用以揭示文献的基本观点、方法和结论等。

(4) 全文型检索工具

全文型检索工具，即用于查询全文文献信息的检索系统。以文本数据为主要处理对象，将文献进行有组织的编排，并以不同的载体形式提供文献全文的查询。它具有原文检索的直接性、较强的时效性及检索结果处理的方便性与灵活性等特点。如：超星数据库、SciVerse Science Direct 数据库等等。

（三）选择检索工具应注意的几个问题

选择合适的检索工具是成功检索的前提。如果错误地选择了检索工具，就如同买衣服进了食品店，再怎么在选择检索词、构造检索提问式上字斟句酌，也很难检出想要的文献。

1. 学科属性

学科属性是考察检索工具是否适用的首选因素。首先要保证所选择的检索工具与检索课题的学科一致。如 Ei 作为世界三大检索工具之一，权威性强，但是它主要收录的是工程技术方面的文献，如果想查文学方面的文献资料就不能选择 Ei 作为检索工具。其次应考虑所选检索工具在该学科领域的权威性，尽量使用权威的专业数据库作为检索工具。

2. 了解检索工具收编的范围和特色收藏

包括资源收录的资料跨越的历史年代、覆盖的地理范围、是单语种还是多语种、信息类型是什么等等。如 Ei 对一些应用科学的研究或技术性强的工程项目检索效果较好，但它不收录纯理论性的文献和专利文献，如果想查专利文献就不能选择 Ei。

3. 了解检索工具的检索方法和系统功能

如果检索工具系统提供的检索途径和检索方法多，无疑为我们检索提供了多个入口，从而提高了检准率和检全率。

4. 了解并有效利用检索系统的助检手段和辅助工具

如检索帮助、培训课程等。这些信息也从一个侧面反映了检索工具的质量高低。

三、选定检索界面

数据库的检索都是依托一个检索平台来完成的，一些大型的检索平台往往会同时提供多个数据库的检索。因此我们在登录检索平台后，首先进行数据库的选择。进入具体的数据库后再选择检索界面。

目前，一些检索平台又提供了“跨库检索”功能，以便实现对多个数据库同时检索的需求，“跨库检索”也存在选择检索界面再检索的问题。例如：在利用中国知网检索时，如对“期刊”“学位论文”“报纸”均有检索需求时，往往会利用“跨库检索”功能选择三个数据库同时进行检索。但这种检索在设计其检索途径时，往往是综合了几种不同出版类型文献的特点进行设计，因此检索途径大多是那些具有共同著录特征的项目，如“题名”“文摘”“作者”“关键词”等等，而针对某一特定的文献出版类型的检索，如查找“某一特定期刊刊名”的检索，“某一特定时间、地点召开的学术会议”的检索等，则必须选择登录“期刊论文数据库”或“会议论文数据库”对此进行“单库检索”。“单库检索”提供的检索途径是根据特定的文献类型设计的，不仅种类多种多样，而且针对性更强。

数据库检索系统常用的检索界面有“快速检索界面”“导航检索界面”“标准检索界面（初级检索界面和高级检索界面）”“专家检索界面”等。

“快速检索界面”提供的是类似于“谷歌”“百度”类搜索引擎的“关键字”检索，得到的检索结果一般数量大，但精确度差些，需要对文献的主题、出版类型、时间、作者等进行进一步的筛选，适合于对课题初步了解和概览时使用。

“导航检索界面”提供的是“浏览”检索，根据数据库收录的文献出版类型不同，主要包括“学科分类导航”“期刊导航”“机构导航”等。“导航检索”的最大特点是可以帮助你根据系统提供的类目逐层深入地进行相关类目的选择，以最终浏览到感兴趣的文献。

四、选择检索途径

（一）检索途径的定义

检索途径通俗地讲就是查找文献信息的入口，即检索点，又称检索项。选择检索途径就是利用已知的信息条件从信息系统中选取所需信息。

（二）常用的检索途径

数据库提供的检索途径都很多，常见的检索途径有：主题途径、分类途径、作者途径、主题词/关键词途径、摘要途径、题名途径、序号检索途径（图书 ISBN 号、连续出版物 ISSN 号、专利号、专利申请号、标准编号、报告号和论文存取号等）、引文检索途径等。

1. **主题途径**

主题途径，是一种按照文献的内容主题进行检索的途径。检索标识是代表文献内容实质的标题词、关键词、叙词等。这一途径将分散于各学科里的有关课题的文献集中在同一主题之下，便于查用时进行分析、比较和选择。用主题途径检索文献关键在于分析项目、提炼主题概念，运用词语来表达主题概念。在各学科不断交叉渗透的今天，这种检索途径很受用户的青睐，但存在因选词的局限性而造成漏检的情况。

2. **分类途径**

分类途径，是一种按照文献的学科属性进行检索的途径。该途径主要利用学科分类表、学科导航树、分类目录、分类索引等工具来进行检索，能较好地满足学科族性检索的要求，能将某一学科文献一次性检出。其优点是同一类资料能集中于一处，且比较全面、系统；缺点是具有滞后性，新学科、新理论、新技术不能得到及时反映，加之学科复杂，相互交叉、渗透，容易造成误检或漏检。

3. **著者途径**

著者途径，即根据文献的著者、编者、译者的姓名或机关团体名称查找文献的途径。著者索引常用于查找已知同行专家姓名的文献。如果已知本学科带头人姓名，利用著者索引可以定期跟踪查找该著者的文献，从而了解和掌握某课题、某学科的最新研究动态与进展。

在使用著者姓名途径检索文献时，要了解著者索引编排的规则和熟悉著者姓名的一般知识，如欧美国家的习惯是名在前，姓在后。

4. **引文检索途径**

引文即通常所说的参考文献，引文检索，是指对文章的参考文献进行的检索，是从学术论文中引证关系入手进行检索的一种方法，是利用被引文献来查找原文献的检索途径。通过引文检索可查找相关研究课题早期、当时和最近的学术文献，可以了解文献之间的内在联系。

一般来说，每个检索系统都为检索者提供了多个检索途径，检索途径的选择要根据检索需求和目前所掌握的检索条件来确定，若检索要求泛指性强，所需文献范围较广，则适宜选择分类途径；若检索要求专指性强，所需文献专深，则适宜选择主题途径；若事先知道文献作者、分子式、专利号等，则可利用著者途径、分子式途径、专利号途径等进行检索。若检索文献时已知条件很少，只有一篇文章或者一个作者名，那么我们就可以试着用引文检索来逐步扩大检索，以达到目的。总之必须根据自己所掌握的检索标识及检索工具的具体情况选择和确定一条便捷的途径进行检索。

五、选择检索词、确定检索提问式

检索词是表达信息需求和检索课题内容的基本单元，也是与检索系统中的有关数据进行匹配运算的基本单元。检索词可以是一个单元词，表达一个单一概念；也可以是一个或多个词组，表达多个概念。检索词既可以由用户（检索需求者）提出，也可以由检索者（检索实际操作者）根据数据库中的词表来选择。检索词的选择是否准确直接影响着检索效果。

选择与确定检索词应注意以下几个问题：

（一）确定主要概念

选词可以从确定主题概念入手。一般情况下，课题名称就能反映检索的主题内容和所涉及的概念。如：课题“欧洲能源问题研究”可直接从课题名称中确定主要概念。

1. 切分

首先对课题名称以词或者词组为单位进行切分，尽量切分为最小概念。即将其切分为：欧洲 | 能源 | 问题 | 研究。

2. 删除

对于一些不具备检索意义的介词、连词、副词等虚词及使用频率较高的词“研究、应用、作用、发展、影响”等删除，得到：欧洲 | 能源。

3. 限定

限定是对专指性较差的检索词进行限定说明。例如：汽车 + 制造或苦瓜 + 药用

(概念限定)。

(二) 收集检索词

确定了主要概念后，就可以根据它来收集检索词。

1. 检索词要正确地反映主题概念

勿忘检索词的“全称”“简称”“俗称”及英文缩写。不同的检索词有时表示同一个意义，如“西红柿”和“番茄”，“马铃薯”和“土豆”，“乙醇”和“酒精”等，在选用关键词检索时应将所有反映同一概念的词汇如同义词、近义词都作为检索词。

如某用户要查找“乙型病毒性肝炎的中医药研究”方面的文献，“乙型病毒性肝炎”的同义词为“乙肝”“乙型肝炎”“HB”。可用于“篇名” =(乙型病毒性肝炎 + 乙肝 + 乙型肝炎 + HB) * (中医药 + 中药) 来检索。对一些缩略词还要补充完整，如 WTO + 世界贸易组织。

2. 找出“隐含”概念

如某用户要查找“灌溉用的橡塑多孔管”橡塑多孔管也称为橡塑灌溉管，其主要原料为橡胶粉和塑料。那么就可以用“橡胶”“塑料”“灌溉”“多孔管”来检索。具体检索式为：“关键词” = “灌溉” * (“橡胶” + “塑料”) * “多孔管”。

3. 泛指概念具体化

如某用户要写一篇“绿茶产业化的研究报告”，用“绿茶产业化”来检索，检出的文献特少，这是因为用户没有明确“产业化”的具体概念，用户其实希望检索包括“大规模栽培”“含量分析”“加工”“包装”“营销”等一系列过程，可适当选用相关词语进行检索。

4. 注意外来词的译写变化

如玻尔兹曼、玻耳兹曼、波尔兹曼、波耳兹曼、波尔茨曼、Boltzmann。

尤其要注意一些新概念、新技术及从其他语言翻译过来的信息概念。如：“激光”和“纳米”在台湾翻译为“莱塞”“奈米”，对此类不同译名，中国内地规范为“激光”和“纳米”。

5. 用更具体、明确的词替换某些容易产生歧义或一词多义的词

如“china”，既可译为“中国”，又可译为“瓷器”，易造成误检。对于词义太多的词，最好不单独作为检索词使用，若需要时，一定要对这类词进行限定，或与其他词组配成新的概念。

（三）选词技巧

1. **同义词的搜索方法**

（1）利用数据库的同义词功能；

（2）利用搜索引擎寻找同义词；

（3）从数据库检索结果中寻找同义词；

（4）利用自己的专业知识来寻找同义词。

2. **注意检索词的上下位类扩展**

如查找“电阻焊在汽车生产中的应用”，“电阻焊”又分为“点焊”“缝焊”“凸焊”“对焊”，具体检索式为：“篇名” =（“电阻焊”“点焊”“缝焊” + “凸焊” + “对焊”）*（“汽车” + “机动车” + “客车” + “轿车”）* “生产”。

3. **注意检索词整体与部分的关系**

如查找“欧洲能源问题的文献”，如果仅用“欧洲”这个词查会漏掉许多文献，因为从地理上看欧洲包括了许多国家，如英国、意大利、法国、德国等，而“欧洲”作为一个检索词只代表它本身，无法代表位于欧洲的具体国家，所以就应该将所有感兴趣的国家补充到“欧洲”这一概念中，这样才能避免漏检。应以用户提供的关键词为参考，根据检索要求复核、筛选、补充、精炼检索词。

（四）检索式的编制

检索式是指计算机检索中用来表达检索提问的表达式，由检索词、检索算符以及系统规定的其他连接符号等构成。通常计算机支持的算符有逻辑算符、截词符、位置算符等，同时还支持字段算符。

1. **算符的选择**

（1）逻辑算符，也称布尔逻辑运算符，用来表示检索词之间的逻辑关系。主要有逻辑“与”、逻辑“或”、逻辑“非”三种形式。逻辑算符既可应用于同一检索途径的不同的检索词之间，也可应用于不同的检索途径之间。

（2）位置算符

也称邻近算符，主要应用于西文数据库中用以表达词与词之间的位置。各个数据库会有些差异。

（3）截词符

在英语中，一个词往往会有多个时态，如单复数、英美拼法、词性等。为解决这一问题，常常借助截词符。

（4）字段算符

字段是机读数据库的最小检索单元，在信息检索系统中，为提高检索效率，通常对检索词在记录中出现的字段进行限制，检索时，计算机只对限定的字段进行运行。

根据系统对信息标引的程度不同，存储在系统中的记录字段有所不同。一般可归纳为两类，即标识文献信息内容特征的主题字段，即基本检索字段和标识文献信息外部特征的非主题字段，即辅助检索字段。

在 Dialog 系统中，书目型数据库的基本检索字段采用后缀的形式，辅助检索字段采用前缀的形式。如（irrigator watering）/ti，ab，de，nt 表示在篇名、文摘、主题词（叙词）、注释字段中查找有关灌溉方面的文献。

2. 构造检索式时使用运算符的方法与技巧

（1）现行的所有的检索系统对于布尔检索式的处理均是从左向右进行的。但对 AND、OR、NOT 的运算次序，不同的系统有不同的规定。一般来说，优先执行顺序是 NOT、AND、OR。在有括号的情况下，先执行括号内的逻辑运算，有多层括号时，先执行最内层括号中的运算。

（2）使用“与”检索时，可以把出现频率低的检索词放在前面，若该检索词为零，则用户可以尽快更换检索策略或立即终止检索，这样可以节省计算机检索整个检索式的时间。

（3）使用“或”检索时，可把出现频率高的检索词放在前面，这样有利于提高检索速度。

（4）同时使用“与”和“或”检索时，应把“或”运算排在“与”运算前面。

（5）截词符要紧接在词干后面，和词干不能有空格。不要将检索词的词干截得太短，应在三个字母以上。为提高查准率，要从希望出现的单词中取尽可能多的公共字母作为词干，比如在对 compute，computer，computing，computation 和 computerisation 做截词运算时，词干应使用“comput *”，而不能使用“com *”。

六、检索式的调整及检索结果的筛选

（一）检索式的调整

一般情况下，检索都不可能一次完成，再缜密的检索策略检索出来的检索结果也会和检索预期有差距。当检索结果不满意时可根据实际情况调整检索式。

1. 当检索出的信息太多时

（1）进行字段限制

可以将主题概念限制在关键词字段或题名字段，还可以根据需要利用年代、国别、语种等字段进行限制，这样可以减少信息量。

（2）进行概念限制

信息量大可能是主题概念反映的信息量大，若对概念进行适当限制，可以简化检索结果。尽可能不用一些使用频率较高的检索词，如“方法”、“进展”、“技术”等。

（3）调整检索式

检索式中逻辑运算符的使用不同，对检索结果数量也有很大影响。信息量大时，可以在现有检索式基础上，增加逻辑“AND”（与）及“NOT”（非）的使用。

2. 当检索出的信息太少时

（1）使用同义词、近义词或相关词

相关词彼此之间用逻辑“OR”（或）相连接；或逐渐减少最不重要的概念词，或使用较普遍的词，或改用上位词。

（2）取消或放宽一些检索限定

如年代、学科、文种等；充分利用截词技术，通过截词技术放宽检索范围，可以检索出某词的单复数形式及同根词等，如改 center 为 cent *；增加或修改检索入口，如改题名为文摘或全文。

（3）更换数据库重新检索

不同数据库收录的信息内容不一样，侧重点也不一样，换一个数据库或搜索引擎可能会有意想不到的收获。

（4）利用搜索引擎的自动扩展功能

很多搜索引擎在检索结果页面上都有“更多结果”“相关结果”或“More Like This”键，借此可以扩大与丰富检索范围。

（二）检索结果的筛选

从检索结果到提供使用，还需要经过筛选的过程。因为在被检索出来的大量文献中，存在着良莠不齐的现象，需要我们筛选出重要和有代表性的文献。在筛选过程中，注意从以下几个方面考虑：

1. 可靠性筛选

可靠性是指文献信息的真实性和准确性可靠性筛选主要是看文献逻辑推理是否严谨，是否有精确的实验数据为依据，内容阐述是否清楚，是否达到一定的深度和广度，所持观点结论是否有充分的理论与实践作依据。对于技术性文献，还要看其技术内容是否翔实，其成果是处于实验探索阶段还是生产应用阶段。我们要尽量筛选出立论科学、论据充分、数据精确、阐述完整、技术成熟的文献。

除了从文献的内容进行考察筛选外，我们还可以从文献的著者、出版单位、来源、类型等方面进行筛选。一般来说，由著名专家撰写、著名出版社出版、官方或专业机构人员提供的文献可信度较大。

另外，也可从文献被引用情况、实践应用情况、同行评议情况、编辑部评语等进行筛选。

2. 先进性筛选

科技文献的先进性是指在科学技术上具有某种创新或突破，对检索出文献的筛选可以从内容和形式、时间和空间等方面进行。

从内容上，首先要选出那些发表新的定理或定律、阐述新的技术的文献。同时，还要注意那些在某一方面有所创新的文献，如在原有知识基础上提出新的观点、假说、理论与事实等的文献，在原有技术基础上提出新方案、新工艺、新设备和新措施等的文献，阐述原有技术和经验在新领域应用的文献等。

从形式上，要考虑资料来源、发表时间、地域性技术专长、经济效益以及社会反映等因素，优先选择技术先进国家发表的、世界著名期刊相互转载的、经济效益好的、社会反映好的文献。

从时间上，主要选择从来没有披露和报道过的有关内容的文献，当然，要结合其内容的先进性进行筛选。

从空间上，主要是考虑地域的科技发展因素，注意选择发表某国家或企业专长技术的文献。

3. **适用性筛选**

文献的适用性是指文献对用户适合的程度和范围。文献的适用性一般受到文献利用者的所处地理环境、气候、自然资源条件、科技水平、经济能力、人员的信息素养等因素的影响。

在适用性筛选过程中，我们要根据研究课题的目的、要求、成果应用的时间、地点、条件来进行具体的分析。凡是研究需要的文献，就是有参考价值的文献。

七、辅助性检索

有的时候我们检索文献时已知条件很少，只有一篇文章或一个作者名，那我们就可以试着用引文检索来逐步扩大检索，以达到检索目的。目前，用引文法来进行检索越来越受到大众的喜爱。

引文，就是通常所说的参考文献。引文检索，是指对文章的参考文献进行的检索，是从学术论文中引证关系入手进行检索的一种方法，是利用被引文献来查找原文献的检索途径。

一般来说，如果一篇文章 A 引用了另一篇文章 B 作为参考文献，则 A、B 两文献之间的引证关系反映了一种科学交流活动，显示了科学文献之间、刊载文献的期刊之间以及文献所属学科之间的内在联系。论文之间的相互引证和被引证的关系，使许多论文联系起来，构成论文网、著者网，并在相关的学科领域形成文献网。通过追溯文献之间的这种关系，可以找到一系列内容相关的文献，据此编制成以被引用文献的著者为标目的索引，即是引文索引，它为文献检索新开辟了一种检索途径。在深入了解研究引文索引之前，必须要先弄明白几个基本概念。

如果一篇文章 A 在行文中引用了文献 B 的内容，在文末将 B 作为它的参考文献，则称文献 A 引用了文献 B。A 为来源文献，B 为引文或被引文献，A 的著者称为施引著者或引用作者或来源作者，刊载 A 的期刊或专著丛书等称为来源出版物，

B 的著者称为引文作者或被引作者。

引文索引是反映文献之间引用和被引用关系及规律的一种新型的索引工具，以作者姓名（被引作者或引文作者）为检索起点，可以查找该作者历年发表的论文曾被哪些人（施引著者或引用作者）、哪些文章（来源文献）引用过，并查出这些来源文献的题录和施引著者或引用作者所在的单位。从而使这些文献之间的引用和被引用关系体现出学术发展的相关性，例如理论与方法的相互借鉴与利用、新技术的应用与发展、学术的起源与进步以及学术争鸣等。其主要表现在以下几个方面：①作为文献检索的一种工具，引文索引提供了一种全新的文献检索手段，即从已知的某一作者的一篇论文开始，查到所有引用过的这一论文的其他论文，在以这些引用论文的作者为新的检索起点，查到更多被引论文。经过多次循环，可以检索到大量相关的文献线索。②了解某一学术问题或观点的起源、发展、修正及最新的研究进展。估测科学的分化、衍生、发展前沿及未来趋势。③评价科学文献、学术期刊和专著的学术水平的参考工具。一般来说高质量的学术期刊的被引次数较高。根据引文索引提供的引证数据有助于评价科技期刊的质量，确定某个学科的核心期刊。④作为科研机构和科研人员绩效评价的参考工具。引文索引有助于评价科学著作的价值和生命力、科学工作者的能力及其研究工作所产生的社会效果。从而科研机构被 SCI 收录的论文总量，反映出整个机构的科研，尤其是基础研究水平；个人的论文被 SCI 收录的数量及被引用次数，反映了其研究能力与学术水平。

在引文检索方面，除美国《科学引文索引》数据库 SCI 外，中国科学引文数据库（CSCD）和中国社会科学引文索引（CSSCI）在近年也备受关注。

以 CNKI 为代表的很多数据库都提供了文献引用文献、被引文献、同被引文献、读者推荐文献、相似文献、相关文献作者、相关研究机构等信息。通过对引文进行分析，可以有效地揭示过去和现在的科学研究之间的内在联系，揭示科学研究中所涉及的各个学科领域的交叉联系，协助研究人员迅速掌握科学研究的历史、发展和动态。

八、原始文献的获取与利用

经过筛选后得到的文献信息有的是全文文献，可以直接利用；有的是文献线索，需要进一步索取原文。查找原文，应遵循先网络索取再实地索取、先本馆索取再他馆索取、先本地索取再外地索取的原则。

现在，伴随着全文在线数据库的广泛使用，用户获取全文较之以前方便快捷，但一些外文文献，尤其是外文学位论文、会议文献、外文图书等全文信息获取还存在一定的困难，所以一定要充分利用文献传递及馆藏互借功能。

第三节　文献信息检索的结果评价

一、查全率与查准率

查全率是指检出的相关文献量与检索系统中相关文献总量的比率，是衡量信息检索系统检出相关文献能力的尺度。

例如：要利用某个检索系统查找某课题的相关文献假设在该系统文献库中共有相关文献 50 篇，而只检索出来 40 篇，那么查全率就等于 80% 查准率是指检出的相关文献量与检出文献总量的比率，它反映每次从该检索系统文献库中实际检出的全部文献中有多少文献是相关的。

如果检索出的文献总篇数为 40 篇，经审查确定其中与项目相关的文献只有 30 篇，另外 10 篇与该课题无关，那么，这次检索的查准率就等于 75% 例如检索“法学”期刊论文，输入检索词“法学”，会发现检索出《当代天主教新自然法学派论道德第一原则》和《治疗药物监测的方法学研究进展》，与法学毫无关系。显然，查准率是用来描述系统拒绝不相关文献的能力。

使用泛指性较强的检索语言（如上位类、上位主题词）能提高查全率，但查准率下降。

使用专指性较强的检索语言（如下位类、下位主题词）能提高查准率，但查全率下降。

二、影响检索效果的因素

从国外各种评价研究的结果来看，查全率和查准率与系统的收录范围、索引语言、标引工作和检索工作等环节的质量有着直接或间接的联系。

（一）影响查全率的因素

第一，检索工具收录文献不全、标引深度不够、标引人员遗漏了原文的重要概念或用词不当、检索系统不具备截词功能和反馈功能等等。

第二，检索语言不能全面显示文献主题概念的等级关系和相关关系，以及不能排除检索语言中的同义现象等等。

第三，检索时不能全面描述检索要求、检索策略过于简单，检索式中的逻辑与太多等等。

（二）影响查准率的因素

第一，检索工具中存贮文献标引过量、标引时不遵循专指性原则、标引用词不当、检索系统中不具备逻辑“非”功能和反馈功能。

第二，检索语言不能在标引文献主题时达到较高的专指度，以及不能排除语言中多义词和同形异义现象。

第三，检索时所用检索词专指度不够、检索面宽于检索要求、检索中使用逻辑不当、截词不当等。

（三）查全率与查准率的关系

查全率与查准率的关系早在国外进行的一系列的实验中表明：查全率与查准率呈“互逆关系”，即任何提高查全率的措施，都难免要降低查准率，反之亦然。

三、提高检索效果的措施

提高检索效果的措施有多种途径，在此着重从改善和调节检索策略方面做些工作：①合理选择检索工具：根据检索要求，合理选择检索工具是提高检索效果的前提。②准确使用检索语言。用户所用的检索语言必须能够准确地表示信息要求。③根据用户的要求适当调节查全率和查准率。由于查全率与查准率存在着互逆关系，所以，在实际检索中，应按照本人的课题要求和具体情况适当地调整查全率和查准率。④应善于利用各种辅助索引一部检索工具往往有多种辅助索引，用户应根据自己掌握的所需文献的外表特征和内容特征，选用既快又好的检索途径。

第五章

大学生信息素养教育

第一节　信息素养教育对策

一、信息素养教育措施

信息素养不仅是某个阶段的培养目标，而且是每个信息社会成员终身追求的目标和基本生存能力。信息素养教育也是未来教育改革的方向之一。尤其是在网络环境下，我国的信息素养教育，应以信息技术教育为基础，以信息加工能力、信息伦理道德和创新能力的培养为核心，在学校各门学科的教学活动中注重学生伦理道德、文化、社会责任感等方面的发展，培养学生的批判性思维、创造性思维和解决问题的实际能力，提高学生对网络信息的心理控制能力和对不良信息进行过滤的能力。使学生在求知中与信息世界互动，只有这样，终身学习才成为可能。

同时，信息素养教育是一个需要各界协同合作的参与过程，包括教育界、图书馆界、信息产业界及国家政府和全社会共同合作，在信息素养教育发展过程中，行业间的合作、跨行业的合作，地区、国家间以及世界范围的广泛合作，能有力地推动和促进信息素养教育的研究和实践。

（一）加强信息素养理论研究，完善评价标准体系

随着信息技术的不断发展，社会环境的日益变化，如何顺应信息时代的要求，深入研究学生在信息素养培养过程中不断出现的新情况、新问题和新矛盾，探索实施信息素养教育的新思路，推动信息素养教育向深层次发展，已成为一个崭新的、重大的课题。

在网络环境下，学生要善于将网络上新的知识信息与课本上的信息有机地融合起来，不断了解和掌握本学科及相关学科的前沿动态，以新的知识信息开阔视野，启迪思维。

在网络环境下，学生的信息素养培养要与时俱进，要重视信息素养的理论研究，不断总结新经验、发掘新规律，指导教育信息化的新实践。

作为信息素养教育理论研究内容之一的信息素养评估指标体系，是开展信息素养测评的依据，它的制定和使用，能够形成对人们信息素养水平的定性和定量描述，科学而客观地呈现人们真实的信息素养水平。评估指标体系的研制和使用能够为教育部门提供工作支持，并在操作上予以指导，因为只有了解在校学生的真实信息素养水平，才能够根据现有水平，调整培养方案，开展有针对性的教育，从而提高学生现有的信息素养水平。

我国高等教育相关部门应尽快组织全国各地的专家学者，根据我国国情和高等教育的特殊性，制定出适合中国特色的、最具有权威的、适应网络环境的信息素养评价标准体系。

1. 信息素养评价体系的特点

信息素养评价体系的构建之所以难以出台，源于其自身的几个特点：

（1）动态发展性

主要体现在信息技术的发展给信息能力的评价带来的难度，技术日新月异，社会对人才的要求也日益增高。

（2）综合性

信息素养的综合性表现在它所具有的伦理道德、技术和人文的要素。这个决定了评价必须从理论和实践两个方面综合评价。

（3）周期长，主观性强

这一特性体现在对信息意识和信息伦理道德的评价方面往往很难在短时间内进行客观的评价，所以导致这两个方面成为评价时最容易忽略的问题。

2. 在建立评价体系时要依据的基本原则

（1）要科学、合理

①作为一个评价体系，必须符合教育的客观发展规律，不能主观臆断和猜测，或者迎合某种短暂的需求；②要经得起时间和实践的检验。这也证明评价体系本身必须是一个不断发展的体系。

（2）内容要全面、系统

既然评价体系是培养学生质量和规范化的重要保证，并为学生接受信息素养培养后的评价和认证提供参考。因此，标准的内容应全面、系统地反映对学生信息素养方面的要求，包括需要具备的信息概念、基本知识、技能、态度以及信息化教学所需要的能力等。

（3）具有可行性和开放性

实施起来要有可行性，要求评价体系的各项内容一定是可以观察记录下来的现象或测评的结果，同时各项评价指标应该比较详细而又完整地体现信息素养的价值描述，而且结果最好易于统计和处理。实施起来还要有可行性，它既要体现信息素养教育的一般特征，又要为不同地区和不同条件的学生留有可变通的余地，应具有因时、因地、因人而异的开放性和可行性。

（4）要进行综合评价

信息素养培养是一个技术、人文、伦理的综合体系，因此对它的评价应该是定量与定性相结合、传统评价与表现评价相结合。

“路漫漫其修远兮，吾将上下而求索。”评价体系的建立不是一朝一夕的事，它任重而道远，需要我们进一步努力和探索。

（二）加强和完善信息素养教育的物质基础

信息素养的教育离不开一定的物质基础，而在网络信息时代，学生对计算机和网络的了解及运用是信息素养教育的重点。试想一下，如果大学生处在一个电脑配置落后、学生上网不方便、信息资源不能充分共享的校园网络环境，这对信息能力的提高会造成多大的影响。为此，高校应该努力提高校园网络化、信息化水平，力争为学校建成一个网络化、数字化、智能化有机结合的新型教育、学习和研究的校园平台，该平台以高度发达的计算机网络为核心技术支撑，以信息和知识资源的充分共享为手段，以培养能够获取、加工、处理和利用信息与知识的学生为主要目标。我国高校信息化、网络化建设发展迅速并已具备一定的规模，高校为此投入了大量资金。目前全国高校中绝大多数已经建立了不同层次和规模的校园网，许多高校校园网采取了千兆以太网技术，网络也已经连接到校内主要办公楼、教学楼、图书馆、实验楼等，建立了网络中心和多媒体教室。不过，虽然我国高校在网络信息建设方面已经取得了一定成效，但其中也存在重视硬件投入、忽视软件投入、资源共享不充分、网络存在安全隐患、网上资源建设落后等一系列问题。

与此同时，还应看到信息资源建设是校园网络信息化建设的核心，各个高校应对网络信息资源实施统一管理，最大限度地开发和利用学校各类信息资源并使其充分共享，向校内和社会提供全方位的公共信息服务。

校园网络信息化建设是高等学校建设的重要部分，它是一项基础性、长期性和系统性的工作，必须充分规划、逐步实施，共享应逐步完善信息设施、信息资源和信息服务，同时在信息设施、信息资源和信息服务运行中要努力充分调动各方面的积极性，引入现代企业机制，吸引筹措社会资金。贯彻全方位、多渠道加强教育信息化的方针，加大对信息基础设施的投资力度，加快网络信息化校园建设步伐，使之逐步走上良性、高效的发展轨道，为学生信息素养的培养教育奠定物质基础。

（三）将信息素养教育融入教育管理中

信息素养不是任何一门独立学科的学习目标或学习结果，而是一种积累式的结果，信息素养教育应广泛地在各门学科中开展，这样既可利用信息技能帮助学生更好地掌握专业知识，促进自学能力，同时又能让学生潜移默化地掌握信息检索、加工、筛选、获取、利用和交流的技能，从而逐步提高学生的信息素养。

目前，美国、加拿大、澳大利亚和新西兰等一些发达国家基本上运用了将信息素养教育与学科课程相整合的模式。我国学者也已经开展了整合式教学的探索与研究，将信息素养教育整合到其他学科的教学中，有力地推动了学校在教育思想、教育目标、教学内容、教学方式、教育评价等各个环节的全面改革，美国艾奥瓦大学的 TWIST（Teaching With Innovative Style and Technology）项目是图书馆员与学科教师成功合作的结果，该项目将信息素养整合到学科的课程教学中，为信息素养与学科课程整合的教育模式树立了一个典范。正是由于信息素养与学科教育整合的这一成功经验，使一些教师充分体验到了其对学科教育及学生能力培养的作用，因此他们决定充分采用这种整合的教学模式，他们认为信息素养的教学必须与专业课程的教学相结合，在进行信息素养教学的过程中给学生与专业课程有关的任务，这样才能激起学生的学习兴趣，否则，即使有了一时的兴趣，这种兴趣也不会长久。

任务驱动式教学法，就是一种探究式的学习形态，它以"真实任务"为中心来促使学习者主动吸纳、调整、重组自己的知识结构，从而在整个学习过程中不断完善自我、提升自我。任务驱动式教学首先要将学生置于问题环境中，让学生在实际环境中自主地发现问题，再让学生根据问题去确定自己所要解决的课题，制订出计划，包括所研究课题的目标、方法、过程、人员、分工等。在整个过程中学生借助信息技术解决问题，并对解决问题的过程、方法、结果进行评价。在研究、评价的基础上，学生对课题及其解决方法有了一定的认识，基于这种认识，应对课题进行再认识、再探究。如此反复，最后完全解决课题。课题完成后，总结、发表、交流。在整个学习过程中既培养了学生的信息能力，又培养了他们的分工合作的团队精神。

借助网络进行交互式学习或教学，这是当前的网络信息环境使然。多媒体计算机、网络已作为一种认识工具和学习资源进入了课堂学习和教学，这将进一步提高学校信息化教育水平，促进教学理念的革新，也为信息素养教育提供了良好的技术基础和支持环境。在网络课堂上，互联网以其强大的交互功能、开放的空间和广泛的信息来源，特别有利于学生进行自主探究或协作式学习。在网上学习，学生可以充分展示自己的观点，阐述其在研究过程中的各种设想及研究结论，并对教师或同学的提问进行答辩，对质疑问题也可在网上进行分组讨论和交流意见。课后学生还可以使用电子邮件、即时通信工具、聊天室等网络工具与教师进行交流，实现网上辅导和答疑。在整个教学过程中，教师不仅是知识的传授者，更是学生在信息世界中遨游的导航者，学生始终处于以现代技术为中心的学习、探索、研究的氛围中，完全改变了以课本知识为主，以教师讲授为主的教学环境和教学模式；学生学会的不仅是单纯的课本知识，而且是通过各种现代信息技术获取信息、处理信息、探索研究、解决问题的能力。

知识经济时代的大学生不仅要善于接受知识，更重要的是善于应用知识，进行探索和创造。学生参与科研活动不仅能深化所学到的理论知识，而且能培养学生的创新能力与研究能力。通过科研活动，学生可以将学到的抽象理论应用到实践中去，结合所学专业，获取信息，对所学专业的有关信息有更全面、更深刻的了解。让学生参与科研活动是培养其信息素养的重要途径。

虽然许多教育工作者就如何提高在校大学生的信息素养教育开展了有益的尝试，但综合起来看，文献检索课仍然是培养学生信息能力的主要手段，是我们研究和试验信息素养教育的平台。传统的文检课主要关注文献信息的检索和利用，采用的是以检索为主体的教学模式，网络环境下的文检课要根据现代化信息技术和网络资源环境进行授课。因此要改革授课内容和形式，增加数据库和互联网资源的检索利用，增加信息评价、网络道德等。目前，传统的文检课正逐步向包含更多信息素养教育的课程模式转变，新的信息技术和教育环境对文检课的理念和方式提出了许多新的要求，相关的教育者及图书界人士应不断进行理论和实践的探索，顺应新形势下的发展要求。

（四）提高教师的信息素养水平

信息时代网络技术的飞速发展，引发了教育、教学过程基本要素的置换和重组，改变了教师和学生交流、传递信息的方式，使得传统教育者的角色向现代教育者的角色转变，从而对教师的信息素养提出了更高的要求。同时，在网络信息时代，学生信息素养的提高除了一定的教育设施、教育环境外，教育者的信息素养也是一个重要的因素。教师既要掌握一定的计算机基础知识和网络操作技能，学会使用一些工具性软件，更要转变教学观念，培养和强化信息开发意识，并利用网上的信息为教学服务，学会创设信息环境，在教学活动中组织和引导学生增强信息意识。教师是教学活动的组织者和实施者，在教学中起着主导作用，建立一支具有信息素养的高素质的师资队伍，为在校学生信息素养的提高提供了保障。

教师信息素养的提高主要包括四个方面。

1. 教师应该加强自身的基本信息素养

即掌握传统的信息基础知识和计算机基本技能。教师必须了解信息技术的基本理论、知识和方法，了解现代信息技术的发展与学科课程整合的基本知识；必须掌握计算机基础知识、操作系统、Word、Excel、PowerPoint 等信息交流、处理软件及一些基本的编程语言，并能熟练应用计算机处理学生考试成绩、编写测试题等。只有具备了基本的信息素养，才能培养信息处理的能力。

2. 教师应该学会使用多媒体进行教学

信息时代为我们提供了丰富的资源条件，为提高教育教学质量，教师应该根据不同的学科内容特点和教学对象，围绕教学目标、授课内容选择和使用不同的媒体。此外，教师还应当掌握计算机教学的基本过程并尽量学会使用 PowerPoint、Flash、Authorware 等应用软件制作多媒体课件；再者，网络信息时代的教师应该具备网络的基本知识和素养，教师应当掌握电脑网络的一般原理，学会利用网络搜索数据、传输文件并进行网络交互式教学，能利用电子邮件跟同事或学生进行交流，利用电子公告牌或自己制作的网页发布自己的认识和观点，同时必须具备尊重知识产权和遵守网络道德的素养。

3. 教师要努力推进信息技术与学科课程的整合

教师必须具备把信息技术和不同媒体优化组合，将信息技术有机地融入学科教学过程中的能力和素养，真正发挥信息技术的作用，从而提高教育教学质量。

（五）营造信息素养教育的良好社会家庭环境

网络信息成为继报刊、广播、电视之后的又一重要媒体，深入社会家庭生活的各个领域。如今，信息教育的普及率是影响社会学习利用率的重要因素。然而，信息素养的教育是一项系统工程，社会负有不可推卸的责任，只有公民信息素养的提高才能使社会信息化具有更高的实际意义。各所高校固然在培养学生的信息素养方面起主导作用，但不容忽视的是社会家庭中的信息素养教育本身就是一种培育信息素养的环境，是信息素养教育的一条重要途径，是对学校信息技术教育的有益补充，良好的社会家庭信息环境对学生信息素养的培养也有着一定的促进作用。

1. 发挥家庭在信息素养教育中的作用

家庭是社会的细胞，家庭教育是人一生当中最先经历的教育环境，可以说从人的启蒙教育到终身教育几乎与家庭都是密不可分的，父母是孩子的榜样，父母的一言一行对子女的影响相当深远，因此可以通过父母所具有的特定信息素养去影响与感染下一代。网络信息时代计算机、网络已越来越多地进入家庭，家长应该树立正确的信息观、人才观和教育思想，掌握科学的教育方法，开展丰富多彩的家庭教育活动，减少或避免网络信息对孩子的负面影响，同时家长也应当不断学习，掌握信息基础知识，努力营造和谐的家庭氛围，与子女共同探讨学习信息技术，共同做好学生信息素养的教育工作。

2. 动员全社会关注和参与信息素养教育活动

（1）要确立网络主流价值观的主导地位

要通过正确的舆论导向营造健康向上的网络道德氛围，加强网上文明行为规范，维护良好的网络秩序，同时要大力宣传正面典型，发挥榜样的作用。许多网站论坛制定的网络文明公约增强了网民的道德意识，使用户自觉对上网行为进行规范，这为社会创造良好的网络氛围具有重要意义。

（2）要采取有效的措施来加强网络信息的管理

运用技术、行政、法律手段加强对我国所有骨干网、局域网和校园网的管理、规范运作，控制信息源头，防止有害信息的侵入。着重加强对高校周围网吧的监管。网吧大多是私营的，由于利益驱动，对网上人员通常没有任何约束，所以大学生在这里沉迷于上网聊天、打游戏，甚至光顾色情网站。这种放纵对于意志薄弱、自控能力差的学生是一种诱惑，所以必须加强对网吧的监督与管理。通过严格有效的管理与引导，使网吧业主遵循应有的规范，引导他们积极参与到开展创建“放心网吧”“绿色网吧”的活动中去，为广大学生提供健康文明的网络信息环境。

（3）要进一步加大网络立法的力度，健全网络法规

近年来，我国先后发布了《互联网上网服务营业场所管理办法》《关于维护互联网安全的决定》等一系列法规。这对规范我国互联网信息服务活动、促进互联网信息服务健康有序发展，发挥了重要的作用。但现有的法规对迅猛发展的互联网还是显得相对滞后，因此，一方面，要根据现实需要，对已有法规进行修改、补充和完善；另一方面，要进一步加大立法的力度，把网络文明纳入法制轨道，逐步建立适合我国国情的网络法律法规体系，为大学生提供一个良好的社会网络环境，促进大学生信息素养的提升。

（六）注重校园网络道德文化建设，注意引导学生合理使用网络

将大学生的网络道德教育作为一门功课来开设，这在我国的高等教育中还基本

处于真空状态。在网络信息时代，我们应该加大对在校大学生进行生活方式、思想道德方面的信息素养教育，需要深化课程改革，调整课程内容。

1. 增设专门的网络道德教育课程

比如《网络道德与文化》《网络与文明》等课程，重点进行网络道德规范、网络法律法规、网络礼仪、网络安全及网络管理等方面的教育，使大学生掌握网络道德规范，增强网络道德意识。

2. 加强高校校园的网络建设和管理，建立起网络安全的“防火墙”

高校应该紧跟时代潮流，注意对网络设备进行更新，建立和完善校园网络防卫系统，充分发挥互联网的优势，努力抵制负面效应，促进大学生健康成长：①要成立专门的管理机构负责校园网络的建设与管理，对大学生加强网络知识培训。②要建立和完善有关规章制度，加强网络信息监控，营造健康有利的校园网络环境，为大学生提供一个健康文明的网络空间，阻止各种不良信息进入校园网。

3. 通过合理的途径发挥大学生的网络才能

学校可以开设相关的选修课，举办学生个人主页、班级主页设计比赛。此外，学校里的各种社团组织也可以开展一些网上竞赛，比如模拟炒股比赛、虚拟创业大赛等，鼓励、引导在校大学生合理使用网络。

4. 重视网络心理教育，搞好网络心理咨询

网络心理教育和心理咨询对普及大学生的心理健康知识，增进大学生的全面素质，完善大学生的人格和心理品质具有重要作用。因此，可以在网上设立心理咨询主页，定期更新有关大学生维护心理健康的知识，帮助大学生正确地评价自己的发展状况，更加全面地了解自己。同时，还可以通过电子邮件，开展心理问卷调查，形成有关大学生心理状况的技术统计资料。与一般意义上的心理咨询相比，这种网上心理服务功能强大、安全、便捷、保密性好，且不受时间、地点、环境的限制，同时，也体现了对学生个人的尊重，有利于消除学生的顾虑，因此也容易取得明显效果。

5. 通过舆论来实现高校网络道德教育

学校应该就网络道德问题开展专题讨论活动，营造正确的舆论氛围。通过舆论的力量，弘扬善举德行，谴责不道德行为，从而使整个高校的网络环境中形成惩恶扬善、扶正祛邪的良好道德动力，随时引导、激励、敦促人们做有德之人。

二、信息素养教育途径

信息素养是可以通过教育进行培养的，信息社会教育工作者的主要任务就是通过各种途径，有效地培养学生的信息素养，使人类社会能够健康持续地得到发展。信息素养不是与生俱来的，是通过后天培养养成的。正像听说读写算等技能和文化修养是通过教育才能获得一样，信息素养也是通过学校教育有意识、有目的培养的，还可以通过个人自我学习、自我提高的方式获得提升。

（一）统一认识，从思想上重视信息素养教育

思想是行动的预演。有什么样的思想，就会有什么样的行动。信息素养教育在我国起步比较晚，可以说是一个新生事物，开展信息素养教育，首先，要解放思想、改变传统观念，尤其是改变急功近利的教育观念，把信息素养教育贯穿到整个教育教学的全过程中。其次，要认识到信息素养是一种高级的认知技能，是一种综合性的素质教育。

1. 信息素养教育是传统文化素养教育的延伸和拓展

信息素养包括诸多方面的内容：了解自己的信息需求，能在已掌握信息的基础上系统阐述问题，具有识别潜在信息的能力，能制定成功的信息检索策略，具有评价信息的能力。信息素养的核心是提高学生面对各种信息的解释、批判、防范与筛选的能力；并能把筛选出来的信息整合到原有知识体系中去，内化为自我意识。提高学习素养，就等同于培养了人的独立自主的学习态度和方法，因此，信息素养的培养日益成为世界各国教育界所关注的重大理论与实践课题。

2. 信息时代不仅带来教育形式和学习方式的最大变化

更重要的是对教育的思想、观念、模式、内容和方法产生了深刻的影响。从某种意义上说，大学应该是人才荟萃之所，是以研究为主的知识生产机构，而不应该“沦落”为靠政府授权，开展“专业”培训，发文凭的行政机构。因此，高校对学生信息素养的教育不应该停留在操作技术层面，应该实施完整的信息素养教育。

3. 应该认识到信息素养教育是一种综合性素质教育

信息素养不是具体哪一门课程所能够涵盖的，进行信息素养教育，不能只在计

算机学科教学中实施，而应该渗透到各门课程的计算机辅助教学和计算机教育管理的应用中：①将信息技术的培养目标整合到各门课程的教育目标与评价体系中，将信息教育贯穿到教育的全过程。信息技术与其他课程的整合，既有利于其他课程内容的学习，也有利于信息技术的学习。不仅如此，它对学校的教学改革、学生创新能力的培养也是十分重要的。②把信息技术作为教学手段与认知工具渗透整合到每一门学科教育中，以信息技术促进其他课程的学习。

（二）发挥图书馆在信息素养教育中的作用

在培养学生的信息素养方面，图书馆有着得天独厚的有利条件。尤其是高校图书馆，它们信息资源充足，文化氛围浓厚，有着良好的阅读环境、完善的信息检索工具以及具有丰富经验的信息检索专业人员，使其成为大学生信息素养教育的重要基地。

1. 应该加强图书馆馆藏文献信息资源建设

丰富的馆藏信息资源是对大学生进行信息素养教育的物质基础。高校图书馆要保证信息资源的数量和质量，首要的是内容要全面，根据学校自身特色，重点加强优势学科的馆藏资源，同时保证多数其他学科包括书籍、报刊、音像制品及其他材料等建设的齐全、规范，形成规模化的藏书体系。各大高校图书馆应该积极参加学校间的资源共享活动，比如高校图书馆联盟、CALIS 项目等，加强校际的合作，充分实现文献资源的共享以及资源互补。还要保证资源的及时更新，这就要求学校图书馆应关注各领域的学术发展、科技动态，保证学生和教师能查阅到本学科领域的最前沿资料。加强数字图书馆建设，在充分考察清楚学生需求的基础上购入各种国内外数据库，能够让师生通过网络平台找到所需要的电子文献资源。

2. 为全校学生开设文献信息检索课

目前，绝大多数高校图书馆在实施信息素养教育中开设了文献检索课，但多数学校开课范围比较窄，有的只限于部分专业，如管理、计算机、医学等。对此，有必要让文献检索课惠及全校大多数专业，同时着重开展网络信息检索的教育，让学生了解信息处理的思想、基本方法和实际操作能力，使其在面对新的学习内容时，也能根据学校处理的方法来解决实际问题，交给学生网络信息检索的钥匙，加强学生的信息意识，提高学生的信息能力。

通过各种途径，开展各种活动，为在校大学生服务，提高学习素养。图书馆可以吸纳大学生们作为志愿者参与图书馆信息服务工作。比如跟随正式馆员参与为学校重点学科教学、科研以及学科信息导航服务的活动，让他们接触从课题立项到课题成果鉴定的整个过程，并学会提供对口的信息检索、信息分析等服务。学生通过参与图书馆的信息工作，增强了信息意识，提高了信息能力，使信息素养得到提高。同时图书馆还可以充分利用自身的资源优势定期开展读书活动，比如开展馆藏印刷型文献、计算机阅读型文献的导读，馆藏机读书目查询、光盘数据库查询、网络信息查询；观看相关电影、电视、录像、网络视频点播，听各种讲座、报告，参加朗诵、演讲比赛，写征文、评论，开展各种展览等活动。学生通过一系列活动的熏陶，对图书馆各种资源的使用更加了解，有助于提高自身的信息素养。

3. **提高图书馆馆员的信息素养，使其更好地服务于读者**

图书馆馆员在培养学生的信息能力和信息意识方面起着非常重要的作用。因此，加强自身的素质建设，提高网络的信息检索和利用能力，加强信息分析能力和研究能力，提高教育能力，有效指导学生进行文献检索和信息分析，这是图书馆馆员当前面临的重要课题。

4. **图书馆可以将对学生的信息素养教育贯穿于用户培训、参考咨询等工作之中**

随着社会的发展，用户已经成为提供商的重要因素，是图书馆存在的内在动力。到了信息时代，随着数字化和网络化的发展应用，互联网已成为知识制作、存储和阅读的主要场所，用户对互联网的依赖正在日益增长，此时图书馆馆员应该肩负起对用户进行培训和指导的任务，使用户正确地检索信息、甄别信息、获取和利用信息。同时图书馆馆员应该掌握先进的网络工具和服务系统，在网上开展参考咨询工作。信息检索是信息资源开发和利用的关键。信息检索方法或检索技术是组织信息素养教育的重要课程。当前，信息检索方法已经从传统的检索方法向超文本、多媒体、网络化等新型检索技术发展，作为图书馆参考咨询人员，要对用户和读者承担起全部咨询工作，教育他们如何使用各种网络资源；如何通过网络进行各种信息检索，如全文文本检索、多媒体检索、网络信息资源检索等；使他们掌握正确的信息检索、采集、分析方法，充分利用网络资源和图书馆拥有的馆藏数据库资源。

（三）合作化信息素养教育

合作化信息素养教育是一个大趋势。它包括图书馆联盟之间的合作，不同类型图书馆之间的合作，图书馆员和学科教师之间的合作等。

20 世纪 90 年代以来，国外大学图书馆之间开展信息素养教学的合作项目开始出现，并迅速发展起来，我国在这方面开展得比较晚。这些合作项目在很大程度上是随着网络教学的发展而兴起的，因为网络教学不受时空的限制，为这种跨机构的合作提供了可能与机遇，它基于图书馆联盟或大学系统。相当数量的大学图书馆之间的信息素养教学合作项目都致力于合作开发基于 Web 的在线信息素养教学课件或课程。

由于图书馆员可以为基于资源的学生提供有关信息资源使用的专业技能和经验，因此，在信息素养与学科课程教学相整合的教学改革中，图书馆员成为教师重要的合作伙伴。图书馆员与教师的合作是基于共同的目标、共同的视角和相互信任、相互尊重的环境。合作在于教师可以带来对学生的兴趣、态度及对学科课程内容强弱的理解，图书馆员则可加上信息技能的知识与课程整合的方法。图书馆员是开展信息素养教学不可或缺的教育者，图书馆员应该积极主动地与专业教师取得联系。成功的合作要求由图书馆员和教师共同制定综合性的计划，首先，图书馆员要了解教师的专业需要，提供切实的帮助；其次，二者共同教授相关知识，但有所分工。图书馆员侧重介绍基本的信息检索、利用和评价技能，教师则介绍与学科研究紧密相关的研究方法和技能。这就要求图书馆员与教师共同参与课程材料的设计、课程计划的讨论、与课程相关资源的选择等多方面的合作。

“他山之石可以攻玉”，国外的信息素养教育实践告诉我们，合作是推进信息素养教育的必由之路。我国当前新一轮的教育改革，把开展研究性学习、培养学生终身学习的能力放在十分重要的位置。但是目前我们的信息素养教学合作还没有有效开展，原因不一而足，其中之一是学校的教学管理者、图书馆管理者和教师还没有对这种教学合作引起足够的重视。因此，我们需要快速转变观念，借鉴国外的经验，积极倡导信息素养教育与学科教学的整合，加强各类机构在信息素养教育方面的合作，通过全社会的共同努力，来提高全民的信息素养水平。

三、信息素养教育的必要性

在 21 世纪，人类以令人难以置信的速度跨入信息社会，在这个全新的信息化社会中，应重视对信息主体进行信息素养教育。当代大学生是民族的希望、国家的栋梁，担负着科学研究、科技发展的重任，大力培养他们的信息素养应被视为一项战略性举措。

（一）培养大学生的信息素养是信息化社会的迫切需要

1. 培养大学生的信息素养有利于提高国家的竞争力

全球信息化的浪潮正在引发当今世界格局的变化，信息化最终靠的是人才，一个国家国民信息素养的水平是评价该国信息化水平的最重要指标，也是影响该国国际竞争力的重要因素。大学生是国家未来发展的中坚力量，他们的信息素养水平在很大程度上决定着国家能否在全球信息化过程中占有一席之地。因此，培养大学生的信息素养对增强我国的国际竞争力意义非凡。

2. 培养大学生的信息素养有利于建设创新型社会

高等院校是培养创新人才的重要基地，是国家高素质人才的摇篮，大学生的创新能力必须以具备信息素养为前提，没有良好的信息素养，很难实现创新。因此，对大学生进行信息素养教育是在为国家储备创新人才，具备创新能力的大学生在走上工作岗位后才能发挥其创新能力和创新精神，把学到的各种技能和创新意识运用到实际工作中，从而为建设创新型国家提供重要的人力支援。

3. 培养大学生的信息素养是社会可持续发展的需求

人才资源已成为社会可持续发展的根本，网络化急剧发展，推动社会经济快速发展的核心动力是 Internet 和教育，而掌握 Internet 和教育的正是人才。目前，互联网 + 时代已突显了信息素养人才的缺乏。因为只有这种人才，才能获取有价值的信息，才能有创新意识，才能显现出无限的发展潜力。社会的可持续发展迫切需要大力培养当代大学生的信息素养。

4. 培养大学生的信息素养有利于构建终身学习型社会

学习型社会以全民学习、终身学习为主要特征，终身学习以学习者具备自学能力为前提，终身学习和自主学习都必须以良好的信息素养为基础，作为大学生，培养他们的信息素养，也就是在培养大学生实践终身学习所应具备的品质，能够对构建学习型社会起到一定的推动作用。

（二）信息素养培养是大学生自我发展的需要

不断学习的过程就是不断获取和利用信息的过程，如何准确把握学习方向，鉴别、采纳、利用知识，实质上是信息能力、信息素养的问题。信息获取可以扩展人的感觉器官功能，为人们有效探索世界的深层奥秘提供技术支持，为人们认识世界和科学决策提供强大的智力支持，为人们改造世界提供强有力的工具。主要体现在以下几个方面：

1. 信息素养培养有利于提升大学生的创新能力

良好的信息素养是培养大学生创新能力的基础。没有良好的信息素养，根本谈不上真正的创新，只有具备良好的信息素养，才能少走弯路，避免重复劳动，才能提升创新能力。伴随着高校的教育改革，对大学生创新能力的培养也日益被提上了日程。创新首先要有知识的积累，具备足够的信息知识和信息能力，并且要遵守信息伦理道德。所以，在一定程度上，培养大学生的信息素养，实际上是培养他们将创新思维变为现实的能力。因此，信息素养的培养在创新能力的培养中起着举足轻重的作用。

2. 信息素养培养有利于提高大学生的自学能力

培养大学生的自学能力是高等教育的重要目标之一。从教育者的角度出发，应当从“授人以鱼”转变为“授人以渔”。信息社会，知识更新的速度日新月异，如果不能与时俱进，就会被社会淘汰出局，大量新知识的获得主要靠自学。具备良好的信息素养，是提高自学能力的基础，自学能力的获得要求学习者有强烈的获取知识和信息的意识，并掌握筛选、提取、整合信息的方法和能力，这正是具备良好信息素养的学习者具备的。通过对知识、信息重要性的介绍，使大学生树立正确的信息概念，通过对获取信息技能的训练，培养他们过硬的信息能力，并使他们在信息社会中遵守信息伦理道德，从而赋予他们获取自学能力的武器。

3. 信息素养培养有利于大学生个人的自我发展

在信息社会，谁掌握了信息，谁就掌握了主动权、话语权。因此，培养大学生的信息素养对他们个人的发展非常重要。在日新月异的信息社会，信息素养日益成为影响人们幸福感的重要因素。单就大学生就业这点来说，如果缺乏对各种就业信息的了解，不能及时关注就业信息动向，欠缺获取、筛选和整理相关信息的能力，缺乏信息意识，就很难抓住机会，相反，越是最先了解信息的人，越容易把握机会。培养大学生的信息素养，使他们具备主动获取信息的意识、对信息加以分析筛选的能力，这样有利于他们按照自己的兴趣、爱好和专业，制定合理的职业生涯规划，并能及时做出调整，对于他们及时把握就业机会，或者进行自主创业都有很大益处。从个人长远发展来看，还可以让大学生更深入地掌握专业知识，并有所创新。同时还促使他们广泛涉猎其他领域的知识信息，对其日后的人生规划会有很多帮助。良好的信息素养可以帮助大学生养成自主学习的习惯，获得终身学习的能力。

4. 信息素养培养有利于提升大学生的思想政治素质

由于信息社会的多元化，各种信息通过媒体、网络等途径传播、碰撞、交流，其中不乏不良信息的传播，大学生很容易接触到各类良莠不齐的信息，由于他们的人生观、价值观、世界观还不完全成熟，辨别力不高，极易受到非主流文化的影响，从而造成思想的混乱和立场的妥协。另外，网络的虚拟性和交互性成为弱化大学生意志品质的重要因素，甚至导致大学生道德感和责任感滑坡，主动散播不良信息或制造虚假信息，严重影响大学生的思想政治素质，这个状况十分令人担忧。面对这样的困境，要培养大学生的信息素养，提高他们自身的免疫力，教会他们正确看待信息的价值，避免负面影响，学会如何面对不良信息和虚假信息。所以，培养大学生的信息素养有利于提高他们的信息伦理道德，加强大学生的思想政治素质。

（三）大学生的信息素养培养是高等教育发展的要求

实施素质教育是高等教育改革的主要目标，信息素养教育是实现素质教育的重要内容之一。对大学生进行信息素养的培养，对高校素质教育的改革具有积极的促进作用。素质教育的显著特征是主体性，以教师为主转变为以学生为主体的自我教育；全面性，促进学生德智体美劳全面发展的教育；全体性，面向全体受教育者；开放性，注重学生创造性思维的培养；发展性，注重培养学生的自我发展能力。因此说，培养大学生的信息素养是高等教育发展的要求。

培养大学生的信息素养是与教育信息化过程同步的，有助于推动高等教育的信息化进程。良好的信息化环境对大学生的信息素养培养起着至关重要的作用。校园网络化、数字图书馆、远程教育的开展都是对大学生进行信息素养培养采取的策略，都有利于大学生进行自主学习。高等教育信息化与大学生信息素养的培养相互促进，同时进一步深化高等教育信息化改革。

培养大学生的信息素养有助于改进高校传统的思想政治教育工作。在信息时代，信息的开放性和交互性使得大学生具有更多的主动性和开放的自主空间，他们很容易接触到各类信息，如果高校的思想政治教育跟不上形势发展的需要，不能与时俱进，不加强大学生的信息素养教育，仅仅从外部采取措施抵制不良信息的影响，显然是不够的。

那么如何应对这个挑战呢？①要加强正面舆论宣传，增强大学生自身免疫力。②要加强大学生信息素养道德的培养，就是积极引导大学生吸收正面信息，学会评价信息，自觉抵制不良信息的诱惑，并保证自己的信息活动符合道德规范和法律法规，这在一定程度上弥补了传统思想政治教育工作的不足，也是应对新环境下高校思想政治工作的良策。

第二节　信息素养教育评价

一、信息素养教育评价方法

在信息素养教育的研究过程中，一个重要的问题是如何评价信息素养，这就涉及用什么样的标准来评价、采取什么评价方法以及依据什么原则的问题。国外信息素养的评价标准已经确立，我们在借鉴国外先进经验的同时，也在不断探索和制定适应中国国情的信息素养评价体系。

信息素养的评价，可以是对一个国家或地区的群体评价，也可以是对具体人的评价。我们这里着重评价学生的信息素养的程度与水平，衡量这些信息素养对于学生在信息社会中学习、生活与未来工作的价值与意义。

信息素养教育是在大众传媒时代，针对多种媒介对人的影响而提出的一种教育思想和方法。它以培养人的信息素养为核心，以培养人们正确使用媒介和有效使用媒介的能力以及独立判断信息价值的知识结构为目标，力图使人具备再生产、传播信息的能力。

大众传媒作为一种重要的社会力量，在监测环境、传播信息、反映社会、提供娱乐等方面起了重要的作用，它不但改变着人们的价值观念和生活方式，也在塑造着人们的品格。大众传媒进入人脑的信息大概可分为认知信息、情感信息、审美信息和道德信息。这四种信息对于人格的形成、素质和品格的提高都具有重要意义，这四种信息的获取都依赖大众信息素养的提高。可见，加强信息素养教育，进行信息素养教育评价，提高公众的信息素养意义重大。

（一）评价要素

评价是按照预定的目的、确定的研究对象的指标，并将这种指标变为客观定量的计值或主观效用和行为。评价包括以下两个要素：

1. 指标体系

指标是指描述评价对象功能的量。随着人们对世界认识的不断深化，描述评价对象功能的量的指标往往不止一个，而是若干个，它们一起构成一个多指标系统。

2. 评价方法

对多指标系统中的不同对象，无法直接比较其优劣，必须借助于某种评价方法，将多指标系统转化为单指标系统，再进行比较。评价是人类行为自觉性与反思性的反映，促使人类的各种活动逐渐完善，是人类有意识活动的一个表征。

处于数字化信息时代，信息的收集、处理和应用已经成为构成一个国家综合实力的一部分，信息素养已然成为一个人除了读、写、算之外的一项基本技能，作为信息时代的大学生信息素养成为其生存发展的基本技能，同时也奠定了其信息素养的基础。在国家大力提倡素质教育的今天，评价是教育活动中一个重要组成部分。大学生信息素养评价就是对大学生进行信息素养教育或培养过程中的自觉性与反思性的反映。信息素养评价标准是用来衡量个体信息素养达到了一个什么水平，显示个体之间信息素养差异水平。

（二）评价方法

过去我们评价信息素养的方法侧重于考查学生的信息知识与信息能力，而且采取的主要方式是通过测验，也就是说以笔试的形式进行。这样就产生了一系列问题：①对信息意识和信息道德这两部分的程度和水平没有认真进行判断；②依靠笔试来衡量和判断，比较难以判断学生的实际操作能力；③通过笔试检测，容易产生部分学生只重视知识方面的训练而忽视动手能力的培养。

（三）信息素养教育的评价内容

1. 信息知识

这部分是信息素养评价中最适合用笔试来完成的测试，许多知识都可以通过提出问题与检查学生的回答来判断学生掌握的程度和水平。同时，有条件的还可以通过计算机辅助检测来完成。一方面，可以减少烦琐的阅卷工作，避免错误的产生与干扰；另一方面，也是培养信息素养的一项实际行动。

2. 信息能力

目前对于信息能力的判断还主要以笔试来进行。我国有部分省市配合使用了上机操作考试来判断学生的信息素养能力，这样可以比较客观地评价学生使用信息系统进行操作的能力。

3. 信息意识

信息意识和情感是信息素养的重要内容，但这部分评价操作比较困难。目前还没有这方面的专门论述，笔者认为可以采取观察的方法，通过实践来完成。比如，可以通过观察学生使用信息技术的态度，记录学生使用计算机的频率，能否主动应用信息技术去解决学习中产生的困难和问题，以此来判断和衡量学生的信息意识和情感。这里一部分评价工作可以通过校园网的使用记录来进行，而更多的判断则需要教师的日常观察与调查。

4. 信息伦理道德

与信息意识一样，信息伦理道德的评价也主要依靠教师的观察与调查。当然，一部分理论上的认识可以依据笔试结果进行分析。

5. 信息创新

这是信息素养的高层次内容，通过在平时的学习过程中做到独立思考、并能独立解决遇到的困难，能对相关专业方向进行深入研究，有创新思维，进行信息创新，这需要一个过程来完成。因为信息化社会也是一个创新型社会，创新型社会需要创新人才。

人类社会步入信息化阶段，信息素养教育评价方法与应用研究是信息时代的要求，也是现代信息化教育的需要，更是高校学生自我发展的需要。

二、信息素养教育评价原则

（一）要科学、合理

①一个评价体系必须要符合教育的客观发展规律，不能主观臆断和猜测，或者迎合某种短暂的需求。②要经得起时间和实践的检验。这也证明评价体系本身必须是一个不断发展的体系。③以标准的方法和步骤构建信息素养评价标准，以保证评价结果的科学性和可靠性。

坚持科学性原则，评价指标体系必然由相互联系而又彼此独立的指标组成。指标间要具有逻辑层次关系，逐层递进，环环相扣。在构建指标体系时，要按照统计学的资料分类要求，使上下级指标具有一致性，同一层次的指标与指标间不能雷同，外延不交叉，确保整个评价标准体系构成一个完整的科学的逻辑系统。

（二）内容要全面、系统

既然评价体系是培养学生质量和规范化的重要保证，并为学生接受培养后的评价和认证提供参考。因此，标准的内容应能够全面、系统地反映对学生信息素养方面的要求，包括需要具备的信息概念、基本知识、技能、态度以及信息化教学所需要的能力等。要求指标涵盖为达到评价目的所需要的基本内容，制定信息素养评价标准及其体系不能遗漏任何重要方面，应全面、系统、本质、辩证地反映信息素养的各个方面。如果遗漏了某些重要方面，就不具备完整性，评价结果就不准确，评价者就不能多层次、多方位地评价与分析所面对的对象。构建信息素养评价体系应该全面、系统地考察学生的各个方面，应该覆盖学生信息素养的内涵与外延、培养目标以及未来的发展要求等内容。

（三）具有可行性和开放性

实施起来要有可行性，要求评价体系的各项内容一定得是可以观察记录下来的现象或测评的结果，同时各项评价指标应该比较详细而又完整地体现现象素养的价值描述，而且结果最好还是易于统计和处理的。实施起来还要有可行性，它既要体现信息技术教育的一般特征，又要为不同地区和不同条件的学生留有可变通的余地，应具有因时、因地、因人而异的开放性和可行性。构建信息素养的评价体系要能被学生所接受，要广泛征求学生的意见，制定切实可行的评价体系，使其成为学生通过努力达到的一个评价标准。

（四）要进行综合评价

信息素养培养是一个技术、人文、伦理的综合体系，因此对它的评价应该是定量与定性相结合，传统评价与表现评价相结合。

（五）要遵循可测性原则

信息素养教育评价标准要采取多层次法，一级指标相对抽象，然后逐级具体，末级指标最具体，要做到各个评价指标内容明确，具体、直观、全面，构建大学生信息素养标准时应对大学生信息素养认真分析、发现最能反映其特点与内涵的主要因素，准确具体地表达评价标准，从而构建大学生信息素养评价体系。

在明确大学生信息素养内涵的基础上，结合大学生信息素养评价标准，依据以上五项原则，认真制定信息素养教育评价体系。在制定信息素养教育评价体系时要注意三个方面的内容：①评价所需考查的因素集合，即评价标准体系；②各因素的重要程度，即评价指标权重；③确定系统分类，即评价等级。

“冰冻三尺，非一日之寒。”评价体系的建立不是一朝一夕的事，它任重而道远，需要我们进一步的努力和探索。

三、信息素养教育评价体系

评价（Evaluation）是一个使用范围十分广泛的词汇，是对事物优劣进行评判的分析过程，由于评判带有一定的标准，因此在评价的过程中不同人有着不同的情感、意识、知识和情趣，对同一事物也会有不同的价值与判断。信息素养的评价，可以是对一个国家或地区的群体评价，也可以是对于一个具体人的评价。我们这里谈的是对具体大学生的信息素养的评价，它与教育中培育学生的信息素养相互关联。具体而言，是判断学生信息素养的水平，衡量信息意识对于学生在信息社会中工作与生活的价值与意义。

（一）信息素养教育评价体系包含的内容

根据信息素养教育的目标和内容，信息素养评价体系应该包括信息知识、信息意识、信息能力、信息伦理等指标。

1. 信息知识

这是信息素养指标体系的重要组成部分，它还可以进一步分解为信息技术、信息原理和信息系统。

2. 信息意识

信息意识与情感是现代信息社会中人们必须具备的一种素质，在信息素养指标体系中占有重要的一席之地。

3. 信息能力

由于信息素养可操作的特点，信息能力是信息素养评价体系中最重要的部分。它可以进一步分为信息系统的操作能力，信息查找能力，信息加工处理能力，信息编程与表达能力，也包括一定的程序设计能力。

4. 信息伦理

在信息素养指标体系中也是必须要考虑的因素之一。

与其他素质的评价判断一样，信息素养教育的评价包含的内容也十分丰富，而且一部分是要靠教师的观察和调查得出结论的。因此，它的评价结果不宜用过分细致的分段标准，主要采用合格与不合格来表示。为了表彰特别优秀和努力的学生，也可以用优秀、良好、合格、不合格的等级或者优、良、中、差、极差五个等级度量方式来表示。

信息素养教育评价作为信息素养研究的重要组成部分，一直是国内外专家学者研究的热点问题和关注的焦点问题。信息素养教育评价研究可以分为理论层面和实践层面，理论层面表现为信息素养教育评价标准的研究，实践层面表现为信息素养教育评价实践的开展。

（二）信息素养教育标准

信息素养教育评价标准的研究分为国内和国外两部分：

国外标准主要有美国、英国、澳大利亚、新西兰和新加坡等国。其中以美国影响较大，成果较多。

我国信息素养研究滞后以及相关部门的重视程度不够，导致我国的信息素养教育评价标准的研究还处于初级发展阶段。目前也仅限于部分学者在剖析信息素养概念的基础上，参考和借鉴国外的信息素养评价标准，尝试制定我国信息素养的标准。回顾国内已有的相关研究，多是照搬或者借鉴国外体系，鲜有根据我国高校学生实际情况量身定制的评价标准，指标构建方法简单、单一。

高等院校学生信息素养能力标准，应作为大学生毕业时评价其信息素养的指南。从培养学生信息素养的角度出发，从信息获取、信息评价、信息整合、信息利用、能力提升以及信息道德等六方面提出了学生信息素养的标准。高等教育水平人群的信息素养要求划分为4个层次：基本层次、研究型信息素养、专业型信息素养、教育型信息素养，这种分层次来制定高等院校学生的信息素养标准为我们思考高校学生信息素养的评价提供了新的思路。2006年北京市文献检索研究会制定的《北京地区高校信息素质能力指标体系》是国内首个应用于实践评价的中国高校信息素养评价指标体系，它共分7个维度，19项标准，61条具体指标项目，指标设置以借鉴其他国家的高等教育信息素养标准内容为主。在指标构建方法研究方面，量化研究，即对信息素养评价的各项指标赋予权重，是近年来国内学者尝试研究的热点。其中权重的确定主要有三种方式：经验确定法、层次分析法及回归分析法。彭瑞霞等人提出使用回归分析法来构建信息素养评价指标体系，根据回归分析偏差最小化来获取评价指标的最优权重分布，也即最接近被评群体实际的信息素养量化评价指标的权重分布。我国信息素养教育的评价标准应体现国内学者对信息素养教育的统一认识，体现网络、数据库、多媒体等信息技术为用户收集与利用信息带来的便利，体现对用户的信息能力、信息意识已经信息道德三方面内容的评价。

信息素养评价实践是指利用信息素养标准研究的同时，进行信息素养调查活动。我国学者在进行信息素养评价标准的研究时一直比较注重信息素养评价实践活动，主要表现为研究者针对具体的人群开展的信息素养调查活动。通过这些调查活动，深化了对信息素养的理解，为开展更大范围的信息素养调查提供了有益的借鉴，例如韩梅对佳木斯大学学生信息素养状况进行了随机问卷调查，杨建红对新疆地区部分中小学教师的信息素养状况进行了调查，结果差强人意。这说明我国的信息素养教育要走的路还很漫长，需要付出更多的努力，需要全社会的关注，创建良好的社会信息环境，净化信息文化环境，加快教育信息化进程，发挥高校在大学生信息素养培养过程中的主导作用。

（三）构建大学生信息素养教育评价体系

应该构建适合中国国情的大学生信息素养标准，在参考借鉴国内外现有成果的基础上，尝试构建适合中国国情的大学生信息素养标准。社会、学校、个人的共同努力来完成的一项伟大而艰巨的任务。大学生信息素养是指在现代信息社会中应该具备的综合素质，在掌握基本的信息技术的基础上，形成良好的信息意识，具有一定的获取信息、加工处理信息、运用和交流信息的能力，并能够正确鉴别信息和遵守信息伦理道德，能够做到终身学习，有社会担当、同时具有一定的创新发展能力。

构建大学生信息素养教育评价体系，对提高高等院校的教学质量，促进大学生个体发展，构建和谐校园有重要的意义和价值。①能够帮助学生明确大学生信息素养的基本要求，避免了评价的主观随意性，对可能出现的较为主观的评价内容做出了定量分析，有效帮助学校和学生矫正教育和学习过程中出现的偏差。②可实现大学生信息素养自评、互评，得出量化指标。制定科学合理的大学生信息素养评价体系，有助于教师在培养大学生信息素养过程中，在培养目标、培养方式及培养内容、评价标准方面有据可依。③教师和学生能够明确信息素养方面的目标和要求，针对实际情况，总结得失，加以改进，提高内在需求和动力，从而促使教师改进教学模式，促进大学生信息素养的提升。④可利用评价的调控功能，及时将评价信息反馈给被评价者，达到规范正确的教育行为，调整和矫正不当的教育行为的目的，从而不断优化教育行为。大学生信息素养教育过程，就是教育的不断调控过程，从而使大学生的信息素养得到质的提升。

第三节 大学生信息素养教育与创新意识培养

一、大学生创新素质

高校是国家培养创新人才的重要基地，是国家高素质人才的摇篮，大学生的创新能力的培养对我们建设创新型国家至关重要。而大学生的创新素质、创新能力是以具备信息素养为前提的，没有良好的信息素养不可能实现创新。因此，对大学生信息素养的培养是在建设国家的创新人才储备库，具备创新能力的大学生在走上工作岗位后将创新能力和创新精神应用到实际工作中去，从而为我国建设创新型国家提供重要的人力支持。

大学生创新素质的培养是一项系统工程。一般来说，创新素质是指人在先天禀赋的基础上，通过后天的学习和实践而形成和发展起来的具有创新能力的内在而相对稳定的品质。创新素质是一种综合素质，主要由创新意识、创新思维、创新精神、创新能力和创新个性等要素构成。创新意识解决人有创新的意愿和动机的问题；创新思维解决思维定式的问题；创新精神是解决人的批判与革新能力，敢于创新；创新能力是解决人的突破能力的问题；创新个性是解决人的创新人格倾向性和创新心理特征的问题。五个要素相互依托，相互促进，缺一不可，构成完整的开放系统。大学生创新素质的培养是把大学生培养和造就成创新型人才的需要，是大学生参与知识创新的需要，也是构建创新型国家的人才保障。

（一）大学生创新素质的培养

大学生创新素质的培养没有固定的培养模式，它因人而异，呈现出个体差异，具有多层次、多维度的开放特点，也会受到个体生理、心理以及社会环境等因素的影响，具有多元发展的模式。知识是创新的基础，兴趣是创新的动力来源，实践是创新的重要环节，价值是创新的最终目的。

目前，我国还没有制定出相应的大学生创新素质培养标准，美国学者里恩提出了针对美国青少年特点的创新素质的 17 条标准，可供我们培养大学生创新素质借鉴参考：①能够运用已掌握的知识与技能创造性地解决问题；②在较长的时间内做到不分心，能集中精力解决问题；③在日常生活中，对探讨的问题、作业能做到不懈地学习钻研；④面对需要解决的目标和任务，不迷信权威，坚持自己的判断和认识，并能坚持完成任务；⑤对他人的意见和建议，能有良好的反映；⑥能不断对问题有理智的好奇心；⑦遇到比较困难的问题时，具有挑战性的反应；⑧具有超越自己年龄的机灵、敏锐的观察力；⑨词汇丰富，口头表达熟练；⑩善于掌握许多新的概念，并且思维活跃；⑪能及时纠正自己的偏见，接受他人的正确观点；⑫具有用异常的方法解决问题的独创性；⑬富有独立思考的想象力；⑭具有能对自己掌握的理论、概念广泛应用的能力；⑮具有对学习阅读哲学、自然、文艺、音乐、体育等广泛的兴趣；⑯关心集体、乐于参与集体活动，与他人关系融洽，对别人的缺点不吹毛求疵；⑰自信心强，能适应各种突变而情绪稳定，具有幽默感。

以上 17 项标准，对于培养大学生的创新素质，具有很好的参考价值。

大学生创新素质的发展要求学生克服心理障碍，比如固定的思维模式、从众心理，谨小慎微，不敢向权威挑战等行为习惯。相反，要鼓励学生开拓思路，大胆创新，塑造创新个性，掌握创新技能，坚持独立思考，培养创新思维。不断学会综合、突破。要求大学生创造性地将学到的理论知识融化到实践活动中去，创造性地开展各种创意文化活动、科技创新活动，善于参与社会活动，勇于投身社会实践，创造社会价值，提高自身竞争力。

（二）发展创新思维

开展创新思维训练是培养大学生创新素质的核心。创新思维包括批判性思维、辩证思维、创造性思维、非逻辑性思维（含联想、想象、直觉、灵感、审美和形象思维等）。这些思维模式能保证学生在学习、理解、掌握和熟练运用理论知识的同时，将这些理论知识活学活用，用于解决实际生活中遇到的困难，使知识创新得以顺利进行。我国推行应试教育体制，它强化了教育的筛选功能，弱化了教育的培养功能，导致我国这些应试教育培养起来的大学生形成了固定的思维模式，即思维定式，是一种习惯性思维方式，是大学生在感知、认知、评价客观事物时，因为长期接受固有知识、经验的影响，习惯用比较固定的思维思考判断问题。一般情况下，这种思维方式能够比较快速做出反应，依据已有经验不会犯错误，比较谨慎、保险。但是，当遇到新事物，出现新问题时，往往会有先入为主的看法，对解决问题的思路产生负面影响。某种意义上说，思维定式是创新思维的“克星”，它禁锢大学生的创新意识与创新思维，在创新活动中，如果不克服思维定式，就不可能有知识创新。因此，要把发展创新思维，克服思维定式摆在重中之重的位置。应当着力培养并发展大学生的创新思维，必须把大学生创新思维的培养和教育当作第一重要的任务。教师尤其要激励大学生进行发散思考、独立思考、敢于标新立异；经常注意引导学生进行创造性思维，批判性思维、辩证思维；鼓励学生解决一个问题能提出多种方案，力求使大学生的创新思维水平经过教育与培养得到较大提升。

创新思维是大学生创新能力的核心，要大力发展创新思维。大学生创新思维的发展，还应该包括以下几个方面的内容：

1. 熟练的信息能力

信息能力是大学生创新思维的基础。培养大学生的创新思维首先要培养学生的信息能力。“巧妇难为无米之炊。”在信息化社会，只有熟练地掌握信息能力，才能依据所研究的课题，获取、加工、利用所需要的知识和信息，进行知识创新。

2. 问题的解决能力

大学生在创新活动中，必将会遇到各种困难和挑战，因此要善于从各种角度分析问题、剖析困难、透过现象看本质、抓住关键环节，在错综复杂的困难和问题中找出主要矛盾，各个击破。

3. 创新的突破能力

大学生在创新的过程中，难免要面临大量的问题和难点，这就要求培养创新的突破能力。首先要有克服困难的坚定意志；其次，要具备持之以恒的探索精神；再次，要掌握扎实的理论知识和宽广的知识储备，有鞭辟入里的分析能力；最后，掌握运用所学知识进行创新的技巧，从而排除困难，直达目标的突破能力。

4. 组织管理的实施能力

大学生作为祖国未来发展的中坚力量，国家创造发明的生力军，肩负着重大历史使命。因此，必须提高大学生的组织管理能力，善于协调各方面的关系，组织各方面的资源，发挥各方面的优势，集中各方面的力量，攻克创新难关，发挥集体的聪明才智夺取胜利。

二、大学生信息素养教育与创新意识培养

大学生信息素养教育的核心是培养大学生的创新意识，信息素养是一种高级认知技能与能力，它同批判性思维、创造性思维一起，构成大学生进行独立思考和知识创新的基础。培养大学生的创新意识，培育创新精神，塑造创新个性是信息素养教育的关键内容。

（一）培养创新意识

培养大学生的创新意识要在大学生中形成推崇创新的群体氛围，激发学生的学习热情，使学生的钻研精神空前高涨，促使其学习潜能、开拓精神、创新意识、思辨能力和实践能力都有很大的提高。只有在强烈的创新意识激励和引导下，大学生才有可能产生创新的动力，确立创新的目标，明确创新的方向，发掘创新的潜力，释放创新的能量。因此，必须重视大学生创新意识的培养，把它作为培养大学生创造力的先决条件和首要目标。培养创新意识，就是要鼓励学生的好奇心，敢于向权威挑战，激发学生强烈的求知欲和创造欲。

（二）培育创新精神

培育创新精神就是要培养学生与众不同的“问题意识”。对于有强烈求知欲的学生，鼓励他们敢于提出问题，允许他们标新立异，寻根问底。对于他们的奇思妙想要予以积极引导，充分发挥学生的想象力。培养大学生敢于冒险、勇于开拓、不断创新的精神品质。“问题意识”是创新思维的来源和动力，强化学生的问题意识是培养大学生创新精神的起点。我国大学生的问题意识比较淡薄，不敢或不善于提出问题，普遍存在从众心理，不利于创新精神的培养。因此，要求教师在教学过程中，创设良好的问题情境，采用启发式和驱动式教学模式，激发和培养学生的问题意识，促进学生创新精神和创新能力的发展。培养大学生的问题意识就是要教他们学会提出问题、分析问题和解决问题。

（三）塑造创新个性

创新个性是指大学生稳定的心理品质，包括创新人格倾向性和创新个性心理特

征。其中创新人格倾向包括大学生的创新需求、动机、兴趣及信念；创新个性心理特征包括大学生的创新能力、气质和性格。这两方面有机地结合在一起，使创新个性构成一个完整的结构。塑造大学生的创新个性就是培养大学生对社会的责任感，让大学生在知识创新中得到创新情感的支持。通过创新情感的培养，优化大学生的创新素质结构，更好地提升学生的创新能力。同时要让学生懂得，没有为社会创造价值，没有责任感的人是不值得尊敬和信赖的。

20 世纪 80 年代初，人们已经开始认识到创造性学习的重要性，努力探索创造性学习的科学方法，目的就是促进创造性人才的成长，培养学生的创新个性和创新思维。

第六章

大数据时代图书馆信息素养教育

第一节　图书馆信息素养教育的模式

一、教育模式的含义及类型

“模式”一词源自英文“mode”。它是指理论上的逻辑框架，实质上是经验与理论之间的一种可操作性的知识系统，是再现现实的一种理论性的简化结构。

最早提出“教学模式”这一概念并加以系统研究的人，当推美国教育家布鲁斯·乔伊斯（Bruce Joyce）和另一位学者玛莎·韦尔（Marsha Weil）。教学模式是构成课程和作业、选择教材、提示教师活动的一种范式或计划。同时，教学模式实质上也是学习模式。

随着有关理论研究的深入，教学模式被进一步定义为：在一定的教育思想、教学理论的指导下，建立起来的较为稳定的教学活动程序和活动结构框架。作为结构框架，突出了教学模式从宏观上把握教学活动整体及各要素之间内部的关系和功能的特点；作为活动程序，则突出了教学模式的有序性和可操作性。因而教学模式具有指向性、操作性、完整性、稳定性和灵活性等特点。它通常包含基础理论、教学目标、操作程序、实现条件（如手段和策略）、评价共五大要素。

按照不同理论及根源出发的观点，教学模式分为四种基本类型：

（一）信息加工型教学模式

信息加工型教学模式依据的是信息加工理论，在这种理论的视域下，教学被视为一种创造性的信息加工过程。它着眼于知识的获得和智力的发展，是主要由皮亚杰、加涅和布鲁纳等人提出的理论模式。例如：学习归纳性思维的模式，也即信息收集和组织以形成概念的归纳模式。又如：以图文归纳为基础的模式、概念获得和提高基本思维的模式、科学探究及探究训练模式、通过记忆直接获得事实的模式、讲授教学的模式等。

（二）个人型教学模式

个人型教学模式也被称为“个别化教学模式”。这类教学模式的理论依据是个别化教学理论与人本主义的教学思想。其核心是强调学生在教学中的主观能动性，着眼于个人潜力和人格的发展。这类教学模式主要有：以学习者为中心的非指导性教学模式（罗杰斯）、发展自我的“活动教学模式”（杜威）等。

（三）合作型教学模式

合作型教学模式也被称为“社会型学习模式”。这类教学模式依据的是社会互动理论，强调教师与学生、学生与学生的相互影响和人际交往，着眼于人的社会性品格的培养。

（四）行为控制型教学模式。

这类教学模式依据的是行为主义心理学理论，它把教育看作一种行为不断修正的过程，通过操作方法的自我控制并驾驭自己的环境，来提高目标行为质量和减少不适应的行为。其代表有斯金纳的程序教学模式，加里培林的以“智力行为多阶段形成理论”为基础的教学模式，模拟训练学习模式等。

其实，从不同的教学角度出发，可以划分出多种不同的教学模式，如 17 世纪夸美纽斯的以“感知—记忆—理解—判断”为程序结构的教学模式；19 世纪初赫尔巴特的四段教学模式，即“预备—提示—联合—总结—应用”；19 世纪中期杜威的

“创设情境—确定问题—占有资料—提出假设—检验假设”现代五步教学模式等等。随着科学技术的进步，教学模式的科学性和技术性不断增强，而且教学模式也逐步由单一模式向多样化的模式发展。

二、现阶段主要的信息素养教育模式

高校图书馆的广大信息素养教育工作者经过多年的理论探讨和教学实践，得到了极其丰富的教学经验，形成了符合信息素养教育特点的教学模式和方法，成果丰硕。

目前，图书馆信息素养教育采用的模式主要有：

（一）基于任务或问题的教学模式

这种教学模式通常基于建构主义理论。这种模式下，学习者以小组形式，参与到与信息检索相关的工作任务或问题中，通过任务的完成或问题的解决，得以建构信息知识，提升检索能力和分析问题、解决问题的能力。同时这种模式能培养学生的团队协作意识、沟通技巧，从而提高学生的综合素养。

（二）协作、互动式教学模式

这两种教学模式主要依据建构主义学习理论、人本主义学习理论和互动学习理论，在这两种模式下，小组协作是主要的学习形式，主要围绕共同的学习目标，设计一定激励机制下的组织合作、互动的信息检索教学内容。

在图书馆信息素养教学中，主要是在专题研究和个案实战练习时，有指导地采用学习小组协作，“教师—学生、学生—学生、助教—学生”的互动式教学模式，以培养学生的团队合作精神，并集思广益，互帮互学。这种模式有利于不同专业背景的学生整合和用活其他课程的知识，加深对信息检索理论知识与技巧的掌握。

协作式和互动式教学模式都强调小组合作和互动在学习过程中的重要性。一方面，这有利于创造和谐的学习氛围，实现同学间互相帮助、共同提高，也有助于问题的解决和提升高层次的认知技能，增强学生的沟通能力，培养学生的团队精神；另一方面，这种模式也容易使个别学生产生依赖思想，使学得快的学生反而受到学得慢的学生的影响，使不同学生的个性受到抑制，也会出现对学生不易评价等问题。

（三）嵌入式教学模式

嵌入式教学模式通常也以建构主义理论作为理论基础，把信息检索意识、能力等融合到专业学习中，提高学生的专业学习和终生学习能力。具体而言，该模式包括一次性嵌入、局部嵌入和全部融入等多种方式，主要表现形式有：图书馆与专业课教师耦合关系的教学模式、专业知识嵌入检索课教学模式、CDIO 模式即工程教育模式等。

嵌入式教学模式在促进文献检索方面的教学与专业知识的有机结合、提高学生的学习积极性方面有一定作用，但受到学校、学院和图书馆的合作机制，以及专业课程教师对图书馆信息素养教育的认知程度等方面的影响，开展的范围和形式十分有限。

（四）科研训练型教学模式

这种教学模式通常以认知主义的信息加工理论作为理论基础，旨在以科研活动激发学生的学习兴趣和主动性，通过科研活动一步步地渐次开展，训练学生的信息检索意识，提升其信息检索能力和信息利用能力，规范学术行为等方面。科研训练型教学模式主要包括基于毕业论文开题报告的教学模式，早期科研训练教学模式，以及涉及课题申报、过程和结题阶段的科研训练教学模式等。

科研训练型教学模式在提升学生的创新意识和科研学术能力方面起到了一定的积极作用，但是囿于教师的意识或能力等个人因素，在图书馆信息素养教学中科研训练型教学模式并不多见。

（五）“5E”教学模式

所谓“5E”教学模式，即由参与、探究、解释、精制、评价五个部分组成的教学模式。这种教学模式最早由美国生物学课程的学者贝比（Bybee）提出，是以建构主义为理论基础的。由于“5E”教学模式结构化特征明显，具体且易于操作，因而受到多学科教学的重视。

在信息素养教学方面，主要是结合学生的专业学习需求，进行“5E”教学模式的教学设计，探讨其应用。这种教学模式曾一度盛行，颇受青睐。然而，对于信息素养教学而言，过于程序化的结构并不适用于所有信息知识学习和综合能力培养的教学。

（六）分阶段或分层次教学模式

该模式从人本主义学习理论出发，主要是针对高职生、本科生、研究生等不同年级、不同阶段的学生，或针对能力、层次不同的学生，实施教学内容不同、教学方法各异的差别化教学。

分阶段或分层次教学模式的个性化特征明显，有助于不同层次、不同能力的学生掌握信息知识，获得信息能力，提升综合的信息素养。但是受到图书馆的人力、物力的限制，分阶段或分层次教学模式还未得到更多的实施。

（七）“慕课”和“翻转课堂”模式

这两种模式是在网络化环境和大数据环境下发展起来的教学模式，主要依据建构主义和关联主义的学习理论。

在信息素养的教育方面，有采用“慕课”或“翻转课堂”单个教学模式的，也有融合两者优势理念而形成的综合教学模式。

武汉大学黄如花教授开设了名为“信息检索”的信息素养“慕课”课程，这门课程是纯粹的“慕课”，参与学习和完成课程的人数众多，口碑好、效果不错。

重庆大学李燕和陈文老师借鉴“翻转课堂”的理念，并将“慕课”融入教学实践中，构建了“以基本教学为基础，以补充教学及拓展教学为辅”的多维度立体式的教学模式；同时，针对研究生信息素养教育，在“翻转课堂”“反慕课”的影响下，建构了“以班级授课与讲座相结合、实体课与网络课相结合”的混合式教学模式等气

由于“慕课”和“翻转课堂”各有其优劣所在，因而融合两种优势理念的教学模式更能代表信息素养教育的创新模式。这些模式应用到信息素养教育实践中，都取得了一定的效果，但仍有改进的空间。

（八）其他综合性教学模式

其他综合性教学模式有基于后现代主义课程理论的“备课、教学、实习和反

馈”四位一体循环教学模式，以及“激励型检索课教学模式”等。其中，“激励型检索课教学模式”就融合了传统的问题教学法、早期科研训练模式以及分阶段教学模式等，从而形成了相对应的三个新模式，即开放探索激励模式、目标训练激励模式以及层次递进激励模式，以激发学生的学习动机和主观能动性。实际上，第一种四位一体循环教学模式的“备课”阶段，也是针对不同年级而采取的“分层次教学模式”。此模式与“教学、实习、反馈”相结合，形成了另类的综合性的教学模式。

无论何种教学模式，都有其优劣所在，在信息素养教育教学中，最重要的是根据不同的教学目标和教学任务，设计不同的教学情境，采用不同的教学模式，满足不同的教学需求，从而提升学生的综合信息素养。

第二节　图书馆信息素养教育的教学方法

一、教学方法的含义及类型

相较于教学模式，教学方法更为具体，它被视为教学方法论的一个层面。教学方法是教师和学生完成一定教学目标和任务的详细方式、手段和途径的总称。教学过程中采用什么方法，受到教学目标、教学任务、教学模式、教学策略等多方面的影响。

传统的教学方法有以下几种：

（一）讲授法

讲授法包括讲述法、讲解法、讲读法和讲演法。这是我国各级各类教育教学中最传统、最常用的一种教学方法。

（二）问答法

问答法也称谈论法，包括复习问答和启发问答。这种方法有助于激发学生的思维，调动学生的学习积极性，有利于培养学生的独立思考能力和语言表达能力。

（三）演示法

演示法是指在课堂上，教师借助实物展示或直观教具讲解，或者做示范性的实验，以说明和印证教师所传授知识的方法。这也是让学生通过实际观察获得感性认识，进而获取知识的方法。

（四）练习法

练习法也称实习方法，在各学科教学中得到广泛的应用。这种方法对于巩固知识，引导学生把知识应用于实际，发展学生的能力，以及形成学生的道德品质等具有重要的作用。

（五）讨论法

讨论法是在教师的指导和助教的辅导下，针对教材中的基础理论或学习过程中的主要疑难问题，抑或是与学习相关的社会热点问题，在学生独立思考之后，共同进行讨论或者辩论的教学组织形式及教学方法，可以全班进行，也可分大组、小组进行。

（六）启发法

只要是贯彻了启发性教学思想的教学方法都统称为启发法。启发式教学方法可以有多种，主要是通过“一问一答、一讲一练”的形式来实现；也可以通过教师的生动讲述使学生产生联想，留下深刻印象得以实现。

以上是最主要、最常用的教学方法。其他教学方法还有很多，比如读书指导法、实验法和实习法等等。在实际的教学工作中，通常是多种方法同时采用，共同推进教学的顺利实施。

二、现阶段信息素养教育的主要教学方法

目前，图书馆信息素养教育经常采用的教学方法主要有：

（一）PBL 教学法

其英文全称是 Problem-Based Learning，意思为“基于问题解决的学习”。

PBL 教学法是一种基于“思维”（Mind-on）的教学方法。它主要以问题为导向，是基于现实世界的、强调学生自主学习的教学方法。PBL 教学法起源于 20 世纪 50 年代的医学教育，后由美国的神经病学教授巴洛斯（H. Barrows）进一步发展并在加拿大的麦克马斯特大学（McMaster University）正式创立。它被誉为“集苏格拉底的谈话法、杜威的问题教学法及布鲁纳的发现学习法之大成”。

信息素养教育中的 PBL 教学法主要表现在：通过进行科研选题等方面的训练，激发学生的思维和学习的主动性，培养学生的信息检索能力和信息思考力。实践证明，运用 PBL 教学法能使学生在解决实际的信息素养问题的体验和反思中获得进步，同时也有利于培养学生的综合科研能力。

（二）案例教学法

案例教学法（Case Method）是一种基于“事实”（Reality-on）的教学方法。案例教学法也被称为实例教学法，它是在教师的指导下，根据教学目标和内容的需要，采用案例组织学生进行学习、研究、锻炼的方法。这种方法是国际上较流行的一种教学方法，它能创设一个实际的教学情景，把真实的、典型的实例和问题展现在学生面前，让他们设身处地地去体验、思考、分析和讨论。这对于加深理解所学知识，激发学生的学习兴趣，培养创造能力及分析、解决问题的能力极有益处。

案例教学法是信息素养教育中最常见的教学方法，更多时候表现为案例演示法。许多教师在教学中经常自觉或不自觉地采用这种方法。其优势主要在于：信息检索案例有利于增强教学的直观性、生动性和互动性，使学生易于接受，同时使学生更能理解和掌握信息知识，获得解决实际检索问题的能力。

课堂上就某种检索工具、检索方法、检索策略的应用等进行举例说明，这是最基本和最常用的案例教学。也有一些较为新颖的、更易于学生接受的案例教学方法，比如：邀请已选修过信息素养教育课程的同学，把自己的课题研究或论文发表的体验作为案例，进行较为生动的示范教学等。

（三）研讨式、探究式教学法

研讨式、探究式教学方法都是一种基于“思维”（Mind-on）的方法，两种教学方法都突出教师的引导性和学生的自主性。它们的主要目的是通过思维激荡，培养学生分析和解决问题的能力，养成独立思考的习惯；同时活跃课堂气氛，提高学生的学习兴趣，快乐地讨论和探究，并享受讨论和探究带来的快乐。研讨式教学更强调合作学习，探究式教学更关注独立能力，两种教学方法都具有不可替代的实效价值。

信息素养教育的研讨式教学一般穿插在课堂讲授过程中，如选择信息道德伦理等方面某些有争议的话题或社会热点问题，组织学生按兴趣或专业自由分组（人数为3～8人），进行讨论。每次选定组长，主导讨论；如果有必要的话，增加一位副组长作为副手，记录每位成员的发言等。小组讨论结束后，每个小组选派组长或其他成员向全班报告小组讨论结果，然后教师逐个小组进行点评，也可以结合小组间的互评。这种教学方法如果运用得当，组织得好，能够有效地启发学生的思维，调动学生的学习积极性，收到较好的教学效果。使用研讨式教学法时，应尽量注意避免只有少数几个学生在讨论，而大多数学生沦为旁观者。

探究式教学主要是以培养学生探索信息知识、发现新知识为主要目的的一种教学方法。信息素养教育中，主要是针对图书馆数字资源检索、信息检索知识的应用等方面的教学，采用此种方法。譬如：在教学中，学生除了进行一般性的小组检索练习之外，还需小组间相互检查，辅以教师或助教的答疑解惑，找出彼此在检索中出现的问题，让学生自己通过比较、思考，制定出最佳的检索策略，总结构建检索策略的方法，自己去发现检索知识和检索规律。这比教师直接讲授知识、学生被动接受的“注入式”教学，效果更好，更能让学生的思维活跃起来。

（四）Library Pathfinder 教学法

该方法是一种基于“动手做”（Hand-on）的教学方法，是一种模拟科研的前期资料调研活动，特别适合于信息知识和技能的训练，有利于改进信息检索课程的实习环节。它主要依据行为主义学习理论，通过计算机操作与练习，提高学生的信息检索能力，增强学生的信息意识，让学生遇到问题时，首先想到利用网络资源或其他检索工具加以解决。这种方法也可以充分发挥学生在学习中的主观能动性，用活课堂知识，使其面对各种检索工具能够举一反三，综合利用信息资源。这不仅有利于学生完成毕业论文，也为培养他们的动手能力、自学能力和学术研究能力打下了良好的基础。“Library Pathfinder”实质上是一种研究性学习，做得“深”的学生几乎成了这个专题的小专家。

以上这些教育模式和方法都各有特色。一般情况下，不同的教学模式和方法都是围绕不同的教学目标设计的，而且每种教学模式和方法的有效运用也需要一定的环境和条件，因此不存在对任何教学过程都适用的普适性模式和方法，也谈不上哪一种教学模式和方法是最好的。因此，在教学实施过程中选择教学模式和方法时，必须考虑不同教学模式和方法的特点和性能，根据现有的教学条件和师生的实际情况和需求，具体分析，必要时进行细微的调整，采用既契合教学目标又适应教学内容和学生需求的教学模式和方法，使其发挥最大效力。

第三节　大数据时代信息素养教育创新模式和方法探索

一、大数据时代的信息素养教育创新模式架构

大数据时代背景下，随着信息技术的迅速发展以及网络环境的急剧变化，图书馆信息素养教育也应该与时俱进，寻求更加符合时代发展的新的信息素养教育模式和方法。“准备、先学、探学、助学、拓展”多元一体的教学模式，就是为适应大数据时代的发展而建立起来的教学模式。该模式主要针对信息素养教育中综合素养的培养，在大数据技术的支持下，融合“慕课”和“翻转课堂”的理念优势，借鉴了建构主义和关联主义学习理论，理论性和实践性较强，易于操作和实施。

不仅如此，该模式还结合传统的信息素养课堂教学，并经过反思和吸取其精髓之后，根据学习资源、学习者的具体情况，把现有的网络资源和大数据整合进来，构成了多元、立体的信息素养教育教学模式。

无论是“先学”，还是“探学”，都蕴含着学生个体对信息知识的自主构建，有助于引发思考，产生问题，进而通过对问题的探索、新知的应用，实现知识建构及创造。“先学”和“探学”借鉴了“翻转课堂”的“课前和课中”两个阶段形式，有其优势。但无法满足不同学习能力及发展的需求，因此，在“先学”与“探学”之外，融入了“准备”“助学”和“拓展学习”，组成了多元一体的信息检索课程

教学模式。这种课程教学模式围绕学生的可持续发展，不仅关注信息知识的学习，更重视检索能力的培养，同时有利于学生的信息意识、信息表达能力、信息管理分析与利用能力以及协作能力、知识创新能力等综合素养的提升。

二、新的信息素养教育模式的内容

网络和大数据环境促发了“慕课”和“翻转课堂”的实施，使得教师进行充分的课前准备以及学生的课前先行学习有了良好的基础和保障。

（一）“准备”阶段

“准备”阶段分为课程学习前的准备和课堂学习前的准备。

1. 课程学习前的准备

课程学习前的准备主要是通过教学平台上相关的信息素养调查或信息素养测试模块来实施。具体是让学生在选课后接受调查或测试，学生自己和教师都可以在平台上看到结果，以便做好预判及相应的心理准备和教学调整，

2. 课堂学习前的准备

相较于传统的教学准备，在大数据时代，教师在课前能使用网络和多媒体等技术，制作较为生动有趣而又简短的课前视频、音频或者 PPT 等资源，上传到“慕课”平台或教学平台供学生观看，让学生提前学习一些必须掌握或了解的基本知识，以便课中能有更充裕的时间使学生得到思维的启发和训练、能力的提升等同时，教师在助教的协助下，利用大数据技术收集学生的学习数据，知晓学生的学习情况，以便课中能更有针对性地进行教学。

（二）“先学”阶段

学生按照老师课前的要求，通过教学平台，观看教学视频等，进行课堂知识点的预先学习；或者是通过课前到图书馆借阅图书、查阅资料，了解图书馆及其资源的使用等，以便为课堂的深入学习奠定基础。

（三）“探学”阶段

“探学”在课中进行，实质上是课前学习的延伸和深化，主要包括竞争性学习、

探索式学习、研讨式学习、协作性学习等方面。

1. **竞争性学习**

竞争性学习是指通过游戏竞赛的方式进行图书馆及其资源的基础性学习。譬如，通过老师课前制作的“课堂抽题”游戏，让学生在课堂上分小组展开竞赛，其具体实施过程如下：每个小组需根据 PPT 上的表格，轮流自由挑选表格内不同的分值（如 1 ~ 5 分），每一个分值代表的是难易程度不同的问题，分值越高，难度越大。小组选择分值后，需要老师点击分值，小组成员自行叫“停”（老师自己点“停”也可以），才能看到相应的问题，然后加以思考、讨论和回答。小组成员回答正确，才能获得相应的分值；如果回答错误，还要被扣去一定的分值。对于大多数问题，若该小组回答错误，其他小组还有一次抢答的机会。助教裁判并记录每次小组得分，最后总分。小组得分按一定比例计入期末成绩中。

通过这种学习模式，学生的兴趣和积极性都很高，教学效果明显。

2. **探索式学习**

探索式学习主要针对图书馆数字资源的检索等方面的学习。学生仍然分成小组，就某个检索课题，讨论检索词的选取和检索策略的构建，形成检索式之后上网进行具体的检索；检索结果出来后反思检索词、检索策略是否得当。如果不能满足需求或结果不理想，那么小组需要根据检索结果调整检索词和检索式，构建新的检索策略，并再次检索，在老师一步步引导之下，直到得到令人满意的结果为止。经过类似的检索课题的训练以后，学生日行总结检索词的选取方法、检索策略构建的规律等。此外，也可以在进行练习之后小组交叉检查，思考、探究彼此在检索中出现的问题，相互借鉴。若在此过程中，教师或助教发现学生仍然存在一定的问题，无须急于点明问题及症结所在，而应当通过启发、诱导，帮助学生分析现有检索方法的优劣，让学生通过比较、思考以及探讨，挖掘出最佳的检索思路、检索策略等，自行解决问题，最后，各个小组就构建检索策略的方法、所寻找到的检索规律等，进行总结性发言；教师对学生的发言进行点评，助教记录并评价各小组的学习效果。如此，让学生通过探索和反思性学习，构建知识，了解学习的真谛，学会学习。

3. **研讨式学习**

研讨式学习主要针对信息检索知识的应用和信息道德伦理方面的学习，实质上是在课前学习基础上的引申讨论。信息检索知识应用方面的学习，主要采用以下方法：课堂上让学生分小组进行开放式讨论，讨论内容来自上一个学期或学年学生完成的此型检索案例。各个小组需要自行确定组长，负责主导讨论、分配任务，以便讨论有序进行；如果可能的话，还需安排副组长，作为记录和实际检索操作人，并和其他组员一道，作为意见和建议的补充者，以便从不同的方面加深对问题的探讨，进行深入的检索学习。教师和助教作为引导者和辅助人员，分别巡视各自负责的小组，及时发现问题，并给予相应的指导。各组在老师的指导下，形成各自的学习结果，并以 PPT 的形式予以展示。此外，各组需要现场相互点评，提出修改意见和建议。课后各组根据意见和建议改进之前的研讨结果，从中找出检索词、检索方法、检索策略等方面存在的问题，并在课堂上进行陈述。其他小组给予点评和建议，共同探索、总结出检索的规律。以此激活知识，让学生学会反思性学习，并训练学生科学的思维方式，提升其信息思考力。

信息道德伦理方面的学习，可以在课前充分准备的基础上，采用如下研讨方法。一是由学生自愿或者老师随机指定一位学生作为主持人，就“如何合理规范地利用信息”等内容，引领讨论，随时抛出新的问题，避免冷场，最后还要做总结性发言。二是采用辩论的方式，分为正反两方进行辩论。首先是每个小组轮流进行一对一辩论，分成小组赛、淘汰赛、半决赛和决赛，根据具体评分细节，由不参赛的所有同学和老师共同评分，最后根据平均分数高低，决定晋级的队伍。在此阶段，教师以学生在辩论赛结束后形成的检索思路以及“辩论陈词”“辩题文档”等成果作为其平时的形成性评价依据。三是读完一段材料之后，在课堂上请学生发表读后观点，并就某个观点邀请大家共同讨论，鼓励学生勇于在课堂上提问、讨论、“接招”。助教记录这些情况，作为加分的依据。以此营造一定的氛围，让学生磨砺自己的沟通能力，提高自己的思维能力。

4. **协作性学习**

协作性学习主要针对科学方法的训练性学习，通常以项目研究的形式开展。它通常包括几方面的内容：首先，根据专业或兴趣，学习小组选取一个想要研究的题目或课题，提出自己的问题或假设。研究题目的选取或问题的提出，都可以使用一定的检索工具，如 CNKI 或其“学术研究热点”来获得。其次，根据题目、课题或提出的问题，小组组长组织有关检索词和检索工具的选取、检索策略的构建等讨论，并分配检索任务，组员利用图书馆及其网络等资源，分别去查找文献资料、收集数据。再次是共同整理、汇总、分析文献资料和数据，得出结论。如果可能的话，针对问题的对与错或者假设的真伪，在逻辑上或者事实上、数据上做出解释，即为什么问题或假设是对的或是错的。然后完成一份检索作业报告或者撰写文章。最后，学习组以 PPT 的形式向全班同学展示检索研究成果。通过这种形式，能让学生掌握科学方法的实质，今后不管是在学习还是在研究中，都能用科学的方法，对书本上的知识或老师提出的问题进行审视，提出疑问，进而利用各种资源，去寻找证据来验证这些知识或者问题的真伪。这种习惯对于培养综合检索利用资源的能力、独立的思辨能力以及创新能力，是极有帮助的。

5. 评价性学习

评价性学习主要针对信息资源评价能力的培养和批判性思维的锻炼。学生课前通过相关评价视频的学习，了解信息评价的基本内容和方法。课堂上，针对平时生活、学习、研究或就业等方面，个人选取一个最新或者有代表性的虚假或问题信息案例，应用初步标准来对信息及其来源进行评估，如从信息资源的真实性和客观性、相关性、新颖性等方面入手，进行严格推断、质疑辨析教师可引导学生进一步地深入，如在真实性、可靠性方面，按照完整性和平衡性两个指标以及相应的考察内容（如背景、结构、内容和观点的完整，信息来源、选题或观点等的平衡）进行判别，甚至通过与他人包括学科领域的专家的对话来验证对信息的评价。同时，教会学生在评价学术文献的质量方面，根据是否被核心期刊收录，或是被著名的检索工具如 COMPENDEX 或 CSCD 等收录及其被引频次等进行判断。之后，小组交流，选出一个最有启发性的案例，进行全班交流。这样做，旨在让学生突破固有的思维定势，分析、判断该案例信息的破绽，以洞悉事实的真相，抓住问题实质，以后能够自信、独立地评判信息，以及进行严谨的思考。

（四）“助学”阶段

课后“助学”主要针对两类学生。一类是对课堂学习还有疑问、还需反复完成课堂学习任务的学生，另一类是有进一步提升需求的学生。无论是哪一类学生，都可以通过教学平台上的在线咨询系统、公告栏、留言板以及 QQ、微信、邮件等与手机的联动，在老师、助教和同学的帮助下，进行答疑解惑式的巩固深化学习。

（五）“拓展”阶段

信息素养教育的“拓展”主要是针对有意愿拓宽知识面或提升自身学术能力和研究能力，抑或是部分学习能力强的同学。这个阶段所采用的方法有两种：

一种是讲座的形式。讲座内容是有关大数据时代所需的信息管理、信息分析和信息利用方面的内容，如 NoteExpress、Endnote 等文献管理软件，Matlab 等数据分析处理软件，Histcite 等文献分析软件等工具的实际应用。这些内容是大学生适应互联网和大数据时代所需要的，也是他们急需补上的短板，但因课程时间紧而无法在课堂讲解的这类教学模块，可以以面对面讲座的形式，开展补充教学，并把讲座课件寄存在教学平台的服务器中，便于学生随时浏览。

另一种是实际的项目研究的方式。对于学习能力强的学生，鼓励他们申请各级各类的学生科研训练项目或是参与到老师申请的科研项目中。通过参与实际的学术研究，这些同学分析问题、解决问题和归纳总结的能力得到了一定的提升。如此，使得信息素养教育从理论到实际，从抽象到具体，从浅层的科普层面走向科研创新的实践。

三、新的信息素养教育模式和方法的实践

“准备、先学、探学、助学、拓展”教学模式融合了“慕课”和“翻转课堂”的理念优势，并在反思传统教学的基础上，从学生角度出发，充分利用互联网和大数据背景下的资源、平台和技术，在改革实践中尝试突破，其目的在于促进知识的构建、思维的发展和知识的创新。我们通过问卷和面对面访谈等形式的调查，了解得知，学生对课程学习的兴趣提高了，并且更乐意利用图书馆的资源。尤其是在进行学习和研究的过程中，使用图书馆资源的意识和能力明显提升。大多数学生认为：课程学习对于养成自主学习、独立思考的习惯，以及培育独立获取信息的能力、知识创新的能力等方面，都有极大的帮助。这一点可以从学生积极参加数学建模大赛、申请科研项目等多种创新活动并取得一定成绩看到成效，而且有几位学生已经就其成果申请了专利。可以说，“准备、先学、探学、助学、拓展”教学模式有利于激发学生的学习兴趣和创新激情，有利于学生形成互联网和大数据背景下的科学思维，有利于学生综合信息素养的提升，教学效果明显。但是，该教学模式不是一成不变

的，其具体实施有赖于学校和图书馆提供的互联网资源、平台和技术，而且还应随着互联网和大数据的发展而不断更新。

第四节　大数据时代高校图书馆信息素养教育课程体系

一、高校图书馆信息素养教育课程体系的演变

随着计算机、互联网以及云计算和大数据时代的迅速发展，社会对人才的需求不断发生变化。这些变化促使高校图书馆信息素养教育逐渐发展壮大，高校图书馆信息素养教育课程体系也随之不断演变。对此，我们做一简要回顾，以了解高校图书馆信息素养教育课程体系的更新和拓展。

（一）“三个层次”课程体系

从开始开设“文献检索”课程到现在为止，我国高校图书馆信息素养教育经历了数年的发展，经过图书馆教师们的艰苦努力，形成了三个层次的课程体系，即“文献检索”层次、“信息检索”层次和“信息素质”层次的课程体系。

1. “文献检索”层次课程体系

围绕这一层次，信息素养教育教学的目标主要在于：为学习和工作奠定科技文献检索的基础，培养学生利用图书馆的纸质文献资源获取文献信息和利用这些信息的基本技能。

内容体系方面涵盖宏观和微观两个层面。宏观层面包括：文献检索知识、文献检索技能。微观方面包括：文献检索基础、信息源、图书馆资源的检索和利用等。

教学方法单一，课堂主要采用“教师讲、学生听”的“注入式”传统方法，即讲授法，加上计算机辅助教学和实习方法。

教学手段方面，主要利用“粉笔＋黑板”的教学工具进行教学。学生的学习评估主要以期末课程笔试成绩为准。

2. “信息检索”层次课程体系

围绕这一层次，信息素养教育教学的目标在于：为生活、学习和工作奠定信息

检索的基础，着力培养学生利用网络和计算机获取信息、处理信息和利用信息的能力；同时关注学生利用信息去分析问题、解决问题尤其是本专业问题的意识与初步能力。此外，学生终身学习能力的培养开始得到重视。

内容体系也包括两个层面宏观层面主要有：信息检索知识、信息检索技能、信息检索意识和信息伦理道德微观方面包括：信息检索基础（包括检索词的选取、检索策略的构建、信息检索技术和信息检索原理）、信息源、搜索引擎的使用、期刊全文数据库的检索、电子图书检索、专利等特种文献检索、参考工具书、论文写作与资料检索、学习和考试信息检索与利用、企业与商业信息检索与利用、信息评价与扩展检索等。

教学方法方面，传统方法的色彩开始淡化，主要采用“以教师为主导，以学生为主体”的教学方式；案例式教学不再只是信息素养教育的主要方法，研讨式方法开始被引入。

教学手段方面，主要利用“计算机 + 大屏幕投影”等系列教学工具取代原有的“粉笔 + 黑板”。幻灯片即 PowerPoint（PPT）被广泛地使用。

学生的学习评估方面，以平时考核和期末课程考核成绩为准。开始注重过程性评价和终结性评价的结合，期末课程考核以笔试加上学生完成专题检索报告或专题研讨论文等作为考核的主要依据。

3. **“信息素质”层次课程体系**

围绕这一层次，信息素养教育教学的目标包括：为生活、学习、研究和工作奠定信息检索的基础，在培养学生利用计算机获取信息、处理信息和利用信息的能力的同时，关注学生批判性思维以及利用信息进行创新意识与创新能力的培养。

内容体系方面，宏观层面包括：信息检索知识、信息检索技能、信息检索意识和信息伦理道德。同时，有关科学数据素养和元素养受到关注。微观方面，除了包含“信息检索”层次的内容体系外，开始关注数据信息的管理、统计和分析，以及信息思考力、批判性思维、学术能力、创新能力、元素养概念等相关内容。

教学手段方面逐步形成了体系，主要在“计算机 + 大屏幕投影”等教学工具的基础上，开始引入“基于网络教学平台”的方式进行教学。

教学方法方面，利用网上教学平台，让教师与学生、学生与学生之间，在平台上进行课中和课下的交流、答疑、讨论互动，帮助学生进行课后的补充学习。此外，通过利用多媒体技术、计算机技术和网络技术等信息技术，建设“信息检索”网络课程、信息素养调查题库和测试题库等网络资源。学生还可以利用平台进行自主测试与自主学习。这一切使得以学习者为中心的自主学习、研究性学习等现代学习模式得以创建，并且使培养学生创新能力的目的更加明确；同时，学生也可以找出差距与学习方向。“基于网络教学平台”教学方式的介入，建立了网络课堂，改变了过去“一本教材、一支粉笔、一个教师”的陈旧方式，全方位地满足了教学和学习的需要。因此，在这一层次，教学方法的多元化、体系化特征明显，案例式教学、研讨式教学进一步深化，探索式、发现式等学生“参与式”的教学方法得到更多的关注和实施。

学生的学习评估方面，结合平时考核和期末课程考核，注重过程性评价和形成性评价。评价方式更加多元化：既有教师的评估，也有同学间的评估；不仅有线下的评估，也有线上的评估；而且期末考核更多的是以小组形式共同进行信息检索和信息利用的实践，比如以完成小组自选课题的检索报告为主。

可以说，评价更多的是要实现将评价变成一个“相互学习”“启发式”与“愉快”的学习过程，达到“评价是为了促进”的目的。

（二）“1 + X”课程体系

鉴于信息素养对于专业学科的重要性，图书馆信息素养教育与专业学科教育的融合已成为一种现实需要，因此出现了众多“1 + X”的图书馆信息素养课程体系。其中，“1”代表的是信息素养基础课程内容，“X”代表的是所嵌入的不同专业课程内容，这两部分内容共同组成了相关的课程体系。如果说前面的“文献检索”“信息检索”和“信息素养”三个层次的体系是面向基本的信息素养培养的通识型课程体系，那么“1 + X”课程体系则是面向专业领域的综合型课程体系，具有一定的专业指向性，这类综合课程主要依托图书馆的嵌入式学科服务，根据信息素养在专业领域中的应用特点，使学生具备相应的检索能力、应用能力和一定的创新意识与创新能力。“1 + X”课程体系不仅依托培养过程中的专业理论教学课程，而且与专业培养的结合日益密切。

二、大数据时代高校图书馆信息素养教育课程的创新体系

随着大数据时代的发展，高校图书馆信息素养教育的信息环境、社会背景和社

会需求发生了重大变化，同时全面而完整的教学数据能够获得更深层次的利用，从而改变了信息素养教育教学的思维路径，使教学更能从学生、环境、社会的实际角度出发，考虑和满足学生的需求。为此，信息素养课程和教学体系必须进行相应的重大调整和深刻变革。

（一）信息素养教育课程新体系的设计思路

1. 人才素质与能力结构的描述

随着时代的发展，学科间的界限越来越模糊，交叉学科越来越多，对“复合型人才”的需求也在不断增加。新的时代背景下，图书馆信息素养教育的教学目标和主要任务，早已突破了以培养信息意识和信息检索能力为主的思维，更加关注学生的信息分析、处理和利用能力，以及自学能力、研究能力、创造能力的提高，其目的在于促进信息检索在专业知识领域的应用，培养具有综合能力的复合型创新人才。为了应对图书馆信息素养教育的任务和目标的转变，首先应该了解“复合型人才”在人才素质和能力结构方面的具体要求，进而构建图书馆信息素养教育的知识体系结构，并最终构建出课程体系。

（1）高校图书馆信息素养教育的不同层面

根据大学生的教育层次、培养类型、学科门类的不同，高校图书馆信息素养教育可以划分出不同的层面。

① 按教育层次划分

接受教育的不同阶段，比如高职、本科、研究生，对应不同的教育层次。相应地，对于不同学科的教育层次，有不同的知识结构和能力要求。以此为基础，高校图书馆信息素养教育也需要采用不一样的教育层次。在此探讨的是针对本科生、研究生的信息素养教育。

② 按培养类型划分

目前，“双一流”大学、普通高校、高职高专院校都有其各自的类型和职责，不同类型的院校有不同的人才培养目标：研究型、技术型、应用型等。在此探讨的主要是针对研究型、应用型人才培养目标的图书馆信息素养教育。

③ 按学科门类划分

在我国，高等教育学科门类繁多，主要有：理学、工学、农学、医学、经济学、管理学、法学、教育学、哲学、文学、历史学、军事学，共12个门类。本书所涉及的部分体系内容按照上一级的学科门类进行阐述，包括：理工类、文科类和医学类。

针对特定的教育层次、培养类型以及学科门类，图书馆信息素养教育的实施是不相同的，本书仅对主要层面进行阐述。

（2）大数据时代对人才能力和素质的要求

大数据时代，信息素养的教育教学的理念、内容和形式都已发生了极大的变化，需要我们从全新的视角，对教育和课程进行全面的审视与构想。随着互联网、大数据资源和信息环境得到迅猛发展和改变，学生不仅要掌握本专业知识，还要具备一定的“工程思维”“技术思维”，更要有“数据思维”“科学思维”。只有这样，其构建知识和走向创新才能成为可能。为此，我们需要根据图书馆信息素养教育的不同层面，设计大学生应该具备的信息素养的能力结构。这种能力结构不是简单的一维层次结构，它应该是多维网状的空间结构，包括学生的本专业知识、信息检索能力、综合信息素养等。

① 本专业知识

复合型人才首先应当具备扎实的本专业知识，这是其特点和优势所在。这使得他们能够把信息检索能力和综合素养与自己从事的专业领域结合，创造出新成果。这是传统专业教育做不到的，也是图书情报专业难以做到的。信息素养只有和各个领域结合。应用于各个领域，才能显示出其巨大的作用。因此，要重视本专业知识的学习，重视专业知识与信息检索能力和综合素养的结合。

② 信息检索能力

具有信息检索能力是信息素养教育人才培养最基本的要求。大数据时代的信息检索能力包括三个层次：操作能力、应用能力和创新能力。

操作能力：是指最基本的利用网络、计算机等进行信息检索的能力，例如信息检索工具的利用能力、信息检索策略的构建能力等高效获取信息所需的能力。

应用能力：是指在操作能力的基础上，将检索到的信息资源合理、合法地应用于生活、学习和研究中的能力，尤其是应用到本专业领域中的能力。它要求学生将信息检索与生活、学习和研究特别是与本专业知识结合，综合运用所学的信息检索知识，独立、有效地去处理所遇到的各种学习和生活方面的基本问题。

创新能力：是指灵活多样地应用信息检索知识，创造性的发现知识和解决专业领域、学术研究等领域的难题的能力。

③ 信息分析能力

信息分析能力是指利用一定的方法，包括使用较为先进的分析软件等工具，对检索到的信息从不同的层面加以归类、考察以及重新认知的能力。只有具备信息分析能力，才能为进一步的信息处理和利用奠定基础，最终达到解决问题的目的。

④ 信息评价能力

信息评价能力指对检索到的信息和信息源进行辨别，以及客观、审慎地进行评价，并将其纳入自身的信息库与评价系统的能力。

⑤ 综合信息素养

当代大学生应当具备的综合信息素养主要包括：网络素养、科学数据素养、元素养等信息素养。

3. 大学生的信息素养知识体系结构

大学生信息素养知识体系结构的大多数领域都是由基础理论、实际检索和系统利用等知识构成的。应该说明，不同专业学生的知识结构是不相同的，下面列出的是具有共性的部分，而且是共性部分的全集。不同学校、不同专业，可以从中选择适合自己的知识领域和知识单元，补充本专业需要的信息知识，构成适合自己的知识体系。大学生的信息素养知识体系主要包括以下 10 个知识领域：①信息意识与信息素质培养知识领域；②常用信息源知识领域；③信息检索的步骤与策略知识领域；④搜索引擎的使用方法和技巧知识领域；⑤常用中文数据库的使用知识领域；⑥常用外文数据库的使用知识领域；⑦专利的检索和利用知识领域；⑧学位论文的检索和利用知识领域；⑨其他网络资源的获取和利用知识领域；⑩大数据时代特有的信息知识领域。

4. 大数据环境下大学生信息行为及其特征

随着大数据时代的到来，一方面，与大数据相关的科学数据素养开始得到重视，另一方面，与人自身素质密切相关的元素养也得到关注。与此同时，人们通过调查发现大学生的信息检索行为堪忧，其知识和能力表现出与所处时代不甚匹配的特征。原因主要在于：①信息获取渠道单一。当代大学生虽然对搜索引擎、门户网站以及聊天工具的利用率很高，但是对数据库等检索质量、检索技能要求较高的检索工具的利用率较低。②信息检索方式趋于简单化。他们即便知道使用数据库等检索工具，也很少利用其高级检索功能，同时也较少调整检索策略，比如利用改变检索词、检索式或者变换检索工具等方法来优化检索结果。③信息需求不明确并存在自然语言和检索语言障碍。④对新技术、新媒体工具，如文献管理软件、数据统计分析软件、文献可视化软件等信息管理、分析和利用工具的使用极不理想。⑤通过收集反馈信息进行主动的反思性学习的能力、问题解决和批判性思维能力等高层次的元认知能力较弱。⑥大学生利用专利等创新性深层次信息的状况也不尽如人意。⑦大学生融入学习和研究中的信息利用能力，即通过参与学术活动等进行深层次的信息转化行为的能力较弱，利用高层次信息的能力需要强化。

因此，现有的信息素养教育教学体系已经不能适应时代的发展，亟待变革。通过变革，不仅要让学生具备一定的信息意识、信息知识、信息能力与信息道德，掌握信息检索的基本理论与基础知识，掌握通过多种方式获取和利用信息资源的基本方法和技能，熟练自如地利用图书馆拥有的资源和通过互联网查阅各种有用资料，合理、有效地利用信息资源，而且要让学生对丰富的信息资源有良好的管理、分析和鉴别能力，更要让学生建立批判性思维，形成较强的学习能力、学术能力和创新能力。

（二）大数据时代高校图书馆信息素养教育教学创新体系架构

随着大数据时代科学数据素养和元素养概念、理论的提出和深化，高校图书馆信息素养的教育教学不再是过去传统内容的简单复制和机械的叠加，而是从内容到形式的全面拓展；它不只是线上线下单方面的优化，更需要对教育和课程进行全面的审视与构想。这种拓展需要在原信息素养教育的基础上进一步深化，需要以科学数据素养、元素养等理论为基点，从学生的实际出发，依托大数据环境下的新技术、新媒体，形成包含科学数据素养和元素养教育在内的新的立体交叉课程教学体系。

该体系重构了原信息素质教育教学课程和实践体系，集课程教育教学阶段、教学目标、教学内容、教学模式和方法、教学评价、教育机构和学习资源等为一体，满足不同年级、不同专业的需求，既能激活学生的批判性思维，提高学生学习与研究的能动性和创新性，又能提高大学生信息道德素质，提升其综合信息素养。

（三）新的高校图书馆信息素养教育教学体系的探索

总的说来，在大数据时代背景下，高校图书馆信息素养的教育教学应涵盖“六大体系”，具体如下：

1. 信息素养教育教学目标体系

根据元素养理论以及美国大学与研究图书馆协会（ACRL）发布的《高等教育信息素养框架》，从不同的培养阶段出发，图书馆信息素养教学的培养目标可分为以下几个方面：

（1）大一阶段

大一阶段，尤其是新生阶段，主要是进行科学数据素养、元素养方面的启蒙，培养大学生对这两种素养的认知；通过图书馆馆员和新生“一对一”或“一对 N”（即一个馆员对应多个学生）的服务方式，进行信息咨询和大学适应性学习指导，渗透性地将批判性思维、新媒体应用等元素养理念融入学生日常的学习与研究中，激发他们生成新信息的能力。

（2）大二阶段

主要通过开设元素养通识教育课程，融入“翻转课堂”理念，采用相应的网络和课堂相结合的教育方式，进一步提高学生对科学素养、元素养等方面的认知，以及面向新媒体环境的信息获取、理解、评价和利用等认知和行为及元认知方面的能力。

（3）大三阶段

着力培养元认知方面的能力，主要通过嵌入专业课教学课程和独立的信息素养课程，开展整合教育和元素养教育，增强学生面向信息环境的批判性反思能力、信息评价能力、交互协作能力和自我认知能力等。

（4）大四阶段

针对学生学术性信息需求的增加，以及大多数学生相应的科学思维和科学方法匮乏的情况，结合“慕课”模式，进行创新教育，强化批判性思维、科学方法的训练和科学伦理的教化，并培养学生独立思考的习惯和探究能力，激发学生的创新潜能。

（5）研究生阶段

根据研究生教育的特色和对研究生素质与能力结构的要求，尝试让学生通过独立的科研项目训练等方法，着重培养他们的研究能力、创新能力和科学精神。

2. 信息素养教育教学内容体系

从“认知和行为、元认知、态度和情感”等层面出发，信息素养教育教学所涉及的内容体系主要包括以下几个方面：

（1）认知和行为层面等基础内容

主要涉及学习者完成学业应当具备的知识、技巧、能力及其应用。首先是对科学素养、元素养的了解和意识教育，主要包括科学素养、元素养的基本术语、关键概念，要求学生充分认识其作用、个人在信息检索和利用中的角色及相应的责任等。其次，是对新技术、新媒体等工具的了解。与之相适应，信息素养教育在原有的信息资源、检索技能之外，应增加数据管理、数据分析软件等方面的内容，如文献管理软件 NoteExpress、Endnote、Firstnote，数据分析处理软件 SPSS 或 Matlab，文献分析软件 Histcite，数据可视化软件 Gephi 或 Citespace，以及新媒体的介绍，这是元素养教育的必然选择。再次，是图书馆资源及其使用。最后，是元素养课程在实践中的应用，包括应用新技术和新媒体制作自己的音频、视频作品等。

（2）元认知层面等高层次内容

主要在于批判性的评价鉴别、对自己学习活动的反思以及创新思维的训练。

首先是对检索到的信息资源的识别，尤其是对学术信息的鉴别，包括对权威信息的质疑。这种识别和鉴别，是学生结合自身实际进行的反思，目的在于增强学生对信息评判和选择等方面的自我意识和自我调节能力，并建立批判性思维。

其次，通过反思检索过程、反思自己的学习过程等内容，使学生学会思考，并领会学习之道，同时增强新技术和新媒体的应用能力，强化交互协作能力。

最后，通过综合的信息检索课题的练习，进行科学思维和科学方法的训练等。

（3）态度、情感等层面

信息素养教育不仅要教会学生查找信息、利用知识，更要传授对待信息和真知的态度，激发学生善良、正直的情感。这其中，道德素养的提升至关重要。因而在课程内容上，主要就信息采集、信息引用中涉及的知识产权保护、信息贡献说明以及隐私和网络安全等伦理道德问题进行教学。通过引领学生良性参与信息建构，使其学会在网络化环境中善待他人和包容他人的观点，激发学生的善良、开放、正直等情感特质，从而导向积极的人生态度，同时培养学生实事求是的科学态度和科学精神，提升学生的信息观以及相应的伦理观和价值观等。

3. 信息素养教育教学模式和方法体系

图书馆信息素养教育具体包括以下五种教育模式以及相应的教学方法：

（1）引入培养模式

主要是针对新生。学生入学伊始，图书馆就为新生配备相应的元素养和科学数据素养培育馆员和助手，开展对接服务，通过社交媒体、定期的“面对面交流”、新生入馆讲座和培训等多种形式，开展信息咨询和大学适应性学习指导，进行元素养和数据素养的基础教育。咨询和指导，需要超越“答案灌输式”，走向“内容引导式”，旨在培养学生的信息获取意识和评估自己的信息需求、判别有用的信息资源，以及在社交媒体和交互协同在线社区中初步获取、评估、组织、交互、协同生产与分享信息的能力。

（2）通识教育模式

在大二阶段，主要开展认知和行为等基础层面的教育。包括以下三个方面：

首先是科学素养和元素养的了解和意识方面的教育，从日常生活中的信息现象以及有趣的典故等入手，让学习者了解元素养和数据素养的基本术语、关键概念，充分认识元素养和数据素养的作用、个人角色以及相应的责任等，逐步培育学习者在元素养和科学数据素养方面的意识，并进行相关的信息伦理道德方面的教化。

其次是图书馆及其资源的使用，可以采用“翻转课堂”的方法，在课前的先学基础上，课堂上以“分组抽题、展开游戏竞赛”的形式进行教学，使学生了解图书馆馆藏布局和功能、联机书目检索系统的使用，以及图书馆资源的检索等方面的基础知识。

最后，是对新技术、新媒体等工具的了解，主要通过讲座的形式加以实施。

（3）专业整合教育模式

在大三阶段，信息素养专业整合教育模式的实现主要是通过图书馆员与学科教师合作，嵌入专业课中，配合课程作业的完成、年度课程论文的写作等，有针对性地讲授专业领域数据库资源、常用网络资源、专业课程学习网站的检索和利用、学术规范等，开展局部嵌入和全部融入等方式的信息检索和利用的综合性指导教学。

（4）综合培育模式

综合培育模式也是在大三阶段实施，主要开展认知和行为层面及元认知层面等教育。

首先是进行图书馆数字资源检索的探索式教学。教学中学生除了进行一般的小组检索练习之外，还需小组间相互检查，辅以教师或助教的答疑解惑，找出彼此在检索中出现的问题，让学生自己通过比较、思考，挖掘出最佳的检索策略，总结构建检索策略的方法。

其次是案例式教学。课堂上学生分小组进行开放式讨论，讨论内容来自上一个学期或学年学生完成的典型检索案例。各个小组需要从中找出检索词、检索方法、检索策略等方面存在的问题，并在课堂上进行陈述。其他小组给予点评和建议，共同探索、总结出检索的规律。以此激活知识，让学生学会反思性学习。

再次是协作式教学。通过分组完成课题检索报告，或者小组利用多种媒体技术制作一件音频或视频作品，完成后让学生把制作的音频或视频作品修改、署名后进行网络发布，并收集反馈信息。在此过程中，学生需要反思为何要利用信息，利用了哪些信息和新技术、新媒体工具，效果怎样，有何创新以及如何改进等元认知问题，以知晓为何学、如何学及如何提高等继续学习之道，同时提升学习反思能力和交互协作能力等。

最后是进行评价性的学习，主要在于提高学生对学习和学术信息的识别能力。具体通过小组讨论，剖析、反思在平时学习、研究等方面遭遇的虚假信息问题，对鉴别方法和经验进行总结，以此来提高学生在信息评判和选择等方面的自我意识和自我调节能力。

（5）创新拓展培育模式

这种模式着力培养学生的创新能力，在大四阶段实施。主要从以下两方面着力：

科学方法的训练：如学习小组经过检索提出问题或假设，根据问题或假设，小组成员分别去查找资料、获取数据，并在逻辑上、事实上、或者数据上做出解释，以证明问题或假设的对错。通过这样的训练，培养学生的思辨能力，进而形成创新能力。

培养学生的创新思维和探究精神：如采用“慕课”的教学模式，实施视频讲座（或同时采用其在线评价等功能）进行补充教学，分阶段让学生学习“如何检索研究背景方面的信息”“如何通过检索进行选题”“如何设计研究内容”等。在此基础上，进行研究能力、学术能力、批判性思维的训练和培养。由于这些都是比较复杂和抽象的能力，很难通过常规的课堂教学来获得和提升，而是需要让学生主动参与到教师的学术研究中，亲自实践体会，才能真正得到培养。因此，在视频讲座的基础上，鼓励学习能力强的学生综合运用信息知识，申请各级各类的学生科研训练项目或是参与到老师申请的科研项目中，以实际的项目研究的方式，深化信息知识和锻炼初步参与学术活动及交流互动的能力。

在具体的教育教学模式实施中，应尽量结合大数据环境，建立多层次实时的教学辅导模式。不仅要采用面对面的传统辅导方式，而且要利用网络，通过网上教学平台建立多层次的实时教学辅导模式，包括在线咨询系统、公告栏、留言板、数据库使用指南，以及与教师电子邮箱的超级链接等，让主讲教师与学生、助教与学生、学生与学生间形成“互动生态链”，巩固和深化信息学习。

4. **信息素养教育教学评价体系**

图书馆信息素养教育教学评价应更加注重实践，主要体系包含：形成性评价、终结性评价以及第三方测试等。

（1）形成性评价

在平时的课程考核中，增加形成性评价在学期总评价中的比重，采用“网络+课堂+实习”方式实施评价。

网络方面，从学生利用网上视频学习基础知识点，参与网络讨论、提问以及解答问题的次数及质量等方面加以考量。

课堂方面，有两种考核途径：一是根据学生所在小组的课堂讨论成绩，并结合个人在小组讨论中所做的贡献进行评定；二是根据学生上课期间回答问题、课堂展示的表现加以考核。

实习方面，包括两种方式，一是就某个知识点，如中文数据库的检索、专利检索等进行上机操作训练，完成后上传到教学平台或者发送到老师的邮箱；二是随堂测试，就某一个较小的检索课题，给予学生较为充裕的时间，让学生使用某一种数据库如 CNKI 实施检索，并根据一定的原则对检索结果进行评判，如相关性、结果数量等。需要的话，调整检索词、检索式，修改检索策略，直到令人满意为止，最后列出检索词、检索式和检索结果。

（2）终结性评价

采用非卷面形式的综合考核：主要是小组项目，即期末以小组的形式完成一份检索报告。具体方法是：学生按兴趣或专业分组，每组学生自由选择一个较大的检索课题，根据课题要求采用合理的检索词和检索式，使用多种检索工具（包括中、外文数据库等），利用相应的检索方法和途径进行检索，并对检索结果进行梳理，得出相应的结论。然后，在课堂上以 PPT 的形式展示和互评，最后修改、上交报告。

（3）第三方评价

除了上述传统的评价方式外，还可以借鉴国外类似的方法和经验，通过第三方测试平台，建立信息素养教育效能的第三方评价机制。即针对信息技能、批判性思维能力、认知和元认知等认识论水平等方面的信息素养，设置免费或者象征性收费的等级考试，考试合格后通过网络授予相应的等级考试证书，为在校学生和社会学习者提供证明自身技能的可能，并以此来促进信息素养的培育。

5. 信息素养教育教学涉及的培育主体体系

信息素养教育的参与主体主要由图书馆、教务处、学院、学校、教育部（包括高等学校图书情报工作指导委员会）组成。这几者之间，需要联动协作，共同开展多层次的信息素养整合培养工作。

（1）图书馆方面

作为信息素养教育的核心主体，图书馆需承担元素养、科学素养等综合信息素养培育的主要任务，包括通过咨询、讲座、课程等教育教学方式实施完成。

（2）教务方面

作为教学主管和协调单位，教务部门需联合学院推荐、遴选 1 ~ 2 门专业课，实行嵌入式教学，把信息素养融入本校专业教育中。具体由图书馆教学馆员与专业课教师合作，对信息素养培育的具体模式和方法、评价方式进行科学的微观设计，开展专业课程作业的信息资源检索教学，并通过年度课程论文撰写的指导，增强学科间学习点的链接，扩展不同领域的知识，加深学生对课程和学习的认知，掌握学习之道，逐步提升其信息素养。

（3）学校层面

在加强图书馆信息素养资源建设的同时，学校需充分利用图书馆的物理空间和人力资源，建立学生学习和研究中心。一是为学生的课程论文和学位论文的写作提供文献资料查询、论文选题、研究内容设计等一系列信息检索和利用方面的服务；二是尝试为学生提供各种创新设计比赛（如机械创新设计大赛、数学建模大赛等）、专利申请、论文发表、科研项目申报等方面的信息指导，以提升学生综合信息利用能力、独立思考能力、学术能力和创新能力以及终身学习能力。

（4）教育部层面

作为教育主管部门，教育部应充分利用高等学校图书情报工作指导委员会的职能，除了为信息素养培育进行整体规划设计，提供相应的政策和标准的支持外，还可以如前文所述，建立信息素养教育效能的第三方评价机制，对学习者的信息检索技能、认知能力、元认知能力等加以等级考核，并发放证书，以此来促进信息素养教育。

6. 信息素养教育教学资源体系

有关图书馆信息素养教育教学的资源来源广泛，主要包括图书馆资源、教材资源、“慕课”资源和其他网络资源、学生资源等，这些资源共同组成信息素养教育的资源体系。

图书馆资源主要是图书馆电子资源，尤其是图书馆数据库资源，它是高校图书馆信息素养培育的基础和保障，需要随时加以维护并进行优化建设。

教材资源是信息素养培育配套的重要工具和载体，需要在原有的信息素养教材的基础上，进一步更新、完善，强化元认知等内容，重构新的内容培育体系，并予以数字化，形成电子教材。

“慕课”资源主要是依托“慕课”网络平台上聚集的大量免费的微视频、训练测验等外部优质“大课”资源。比如武汉大学黄如花老师开设的名为“信息检索”的“慕课”课程资源，对于拓展信息素养课程的学习内容和学习方式非常有帮助，可引导学生课前或课中使用，直接服务于信息素养培养的“小课”。

其他网络资源，可经过整合、修改等二次开发后加以利用。

自制资源，主要是根据课程和学生特点，自行制作一些微小的视频与音频资源等，供学生课前或课中使用。

学生资源包括学生完成的作业和作品等生成性资源，都可以作为课程案例资源，加以整合和利用。

以上这些资源，都可以上传到信息素养培养平台上，并按照需求和环境的变化及时更新，供学生随时调用，形成时空连贯的动态资源体系，以发挥最大效益，服务于大学生信息素养教育。当然，大数据时代的教学资源不止这些，还需要信息素养教育工作者开启智慧，充分利用各种技术，进一步挖掘更多有价值的教育资源。

总而言之，本信息素养教育教学体系对信息检索系列课程的课程体系建设进行了深入研究，基本上围绕“学生中心”“问题中心”，发展了传统的“授课→理解→巩固→运用→评价”教学步骤，形成了“五段式”和“六段式”教学过程体系。这些教学过程体系，帮助信息素养教育教学实现了从既有的“系统讲授”向“启发教学”“自学辅导”“合作学习”“研究创新”的转变。而且，本体系针对不同专业的要求，进行了模块化的课程设计，整合教学内容，提高了课程设置的灵活性；在保证核心课程模块完整性、科学性和先进性的情况下，根据专业不同进行各模块的优化配置，形成不同特色的课程设置方案。

第七章

新媒体环境下大学生信息素养提升

第一节　新媒体环境下大学生信息素养概述

一、相关概念界定

（一）新媒体的概念及特点

新媒体一词诞生于20世纪60年代，而关于新媒体的概念并没有达到完全的统一，也没有形成权威性的概念。根据目前的研究来看，有学者从时间和技术两个维度来探讨新媒体的概念，从时间来看，新媒体是个相对的概念，是相对于广播、电视、报刊等传统媒体而言的一种新的媒介形态。从技术上来看，新媒体“新”在拥有先进的信息传播技术，利用数字技术的传播媒介都可以称为新媒体。如网络媒体、移动媒体、互动性电视媒体等等，它们都属于新媒体范畴。也有学者从广义上和狭义上两个方面解释新媒体的概念，广义上的新媒体以互联网为基础，以移动媒体和自媒体为主要内容，涵盖大数据、云计算、区块链以及虚拟现实等新兴技术。狭义上的新媒体是相对传统媒体而言的一种信息载体的变化。

从广义上对新媒体概念进行界定，可以认为新媒体是依托数字信息网络、用户信息终端、信息媒介平台等进行传播的新媒介，也是依托互联网技术、大数据、云计算等科学技术为用户提供信息服务的新型媒体。我们平常接触到的社交类 APP（QQ、微信、微博等）、新闻类 APP（新浪、搜狐新闻、今日头条等）、娱乐类（爱奇艺、腾讯视频、优酷等）都属于新媒体的范畴。以互联网技术、数字信息为依托的新媒体作为一种新兴传播媒介，传播信息之大、传播方式之多、传播速度之快，改变了我们的生产、生活方式，有着鲜明的特征。

1. 新媒体具有海量性

传统媒体往往受到时间、版面限制，使信息传播内容和传播范围都受到限制。而新媒体利用信息技术手段既可以展现出图文并茂、声音等多功能，又可以显示出传统媒体的功能。互联网技术高速发展，可以将任何一台电脑、手机、服务设备连在一起，甚至可以共享全球信息资源。一张庞大的互联网可以通过云计算、硬盘、光盘等存储介质储存海量信息，借助大数据定位自己的信息需求。可以说，新媒体凭借自身强大的信息存储能力、传播能力、搜索能力能满足我们的信息需求，其数字化和智能化让人们能迅速获取海量信息，给生活带来很大的便捷性。

2. 新媒体具有交互性

在新媒体技术的支持下，信息再也不是“单向”传播，而是人与人之间的“双向”传播。信息的发布突破了传统媒体的时空限制及内容的局限性，每个人都是信息发布的主体。通过互联网及移动客户端的互联互通，新媒体在技术上实现零成本的方式，只要我们对平台上用户发布的信息感兴趣，就可以立马注册，实现即时互动。与此同时，我们只要轻触按钮，随时随地都可以发布信息、评论信息。近些年火爆的“抖音”“微直播”新媒体平台，以精湛的内容、简短的时间让大众在碎片化时间学习丰富的知识，深获广大网友喜爱。新媒体拉近了人与人之间的距离，给生活增添了很多乐趣。

3. 新媒体具有虚拟性

在信息交流中，新媒体技术的发展让现实与虚拟世界的界限越来越模糊，信息的发布者和接受者都呈现虚拟性的特点，这样的虚拟空间给了大众很大的社交、娱乐自由。新媒体平台下，一些用户并未用实名注册，他们可以利用虚拟账户去随意发表自己的看法、获取和传播信息，甚至可以利用相关信息引导舆论的走势，进而产生较大危害。正是因为新媒体的虚拟性，让网络环境受到污染，网络谣言恶性循环、网络水军目无法纪、网络暴力层出不穷，污染网络环境。新媒体的匿名功能使一些用户匿名编辑、发布、传播信息，信息的真假很难辨认，人们极易被虚假信息所蒙蔽，给大众生活带来很大的负面影响。

（二）大学生

大学生是指正在接受高等教育还未毕业或受过高等教育已经毕业走进社会的人群，具体包括专科生、本科生、研究生（硕博）。而高校在读本科生是培养高等教育人才的基础和关键，他们的信息素养水平直接关系到大学生未来职业的发展。

（三）新媒体环境下的信息素养

新媒体环境，其实是利用新媒体为主要传播手段的社会环境。而大学生是接触新媒体最多的人群，以QQ、微博、微信等移动客户端为信息载体的新媒体带来信息的大容量传播，大学生每天全方位接收浩瀚的信息，获取信息的渠道也更加多样化。显然，互联网的发展让新媒体的影响力不断扩大，而新媒体一直在开拓学生的视野，丰富学生的知识，让大学生拥有独特的学习能力和好奇心，给了学生很大的学习自由和学习空间。再者，新媒体使信息资源深度整合、信息发布主体大众化、信息传播形式多元化。在这样的信息环境下大学生要对信息足够敏感，掌握丰富的信息知识，并且要会处理、利用、辨别各种信息，提高自己各方面的综合素质。

因此，新媒体的快速发展使得信息素养的内容得到了丰富和发展，新媒体环境下的大学生信息素养具体内容主要包括以“观念”为核心的信息意识、以“创新”为核心的信息知识、以“融合”为核心的信息能力和以“伦理”为核心的信息道德。

二、新媒体环境下大学生信息素养的理论基础

（一）建构主义学习理论

1966年瑞士心理学家皮亚杰（Jean Piaget）提出建构主义理论，他认为学习是一种“自我构建”的发展过程，就是儿童在不断成熟的基础上，在主客体相互作用的过程中获得个体经验和社会经验，从而不断地协调、建构图式的过程。在这发展

过程中，有学者也对建构主义理论进行丰富。维果斯基（Lev Vygotsky）认为学习是一种“社会构建”，认为社会文化与我们认知有关联。建构主义学习理论认为学习是通过信息加工活动建构对客体的解释，而客体是根据自己的经验建构知识的。学习是知识建构的过程，学生不是被动接受知识，而是充分发挥他们的主观能动性，主动建构自己的知识体系，达到内化的目的。此外，该理论的教学观认为教师教学要为学生创设理想的学习情境，挖掘他们的创新潜能，培养独立思考的能力和批判性思维。同时也给学生提供丰富的信息资源，完善信息基础设施，尽自己的能力去帮助学生把所学的知识内化于心。建构主义学习理论给了我们很多启示，新媒体给大学生信息素养的培养提供了很好的学习环境和技术条件，对老师的要求也随之提高，老师在传授知识时要引导学生如何获取和利用信息，这样才能够让学生把在课堂学到的东西真正用于实践。学生在处理信息的时候，也需要对以往信息技术知识进行重新建构，在经验的基础上不断总结，形成自己的信息技术知识体系。因此，建构主义是支持新媒体环境下大学生信息素养的理论基础。学生在发挥主观能动性的前提下，要利用新媒体在已有的信息素养知识经验基础上建构新的知识，提高自己的信息能力。在教学上，教师要利用新媒体创设信息化学习环境，鼓励学生学习信息技术前沿知识，提高自身的信息意识和信息知识。

（二）泛在学习理论

信息技术的发展改变了我们的学习方式，学习不受时空限制，于是就产生了泛在学习。泛在学习是由美国学者马克·维瑟（Mark Weiser）基于泛在计算概念提出的，随着研究的不断深入，形成了泛在学习理论。泛在学习是借助计算机工具而发展起来的，每个人根据自身需要，因时而变地选择合适的信息设备进行学习活动。也有学者认为泛在学习是指任何人可以按照自己的时间，选择适宜的地方利用已有的设备去尽可能获取想要的信息，以此来支撑学习的一种方式，充分体现学习者的个性。就泛在学习的特征而言，泛在学习可以让学生主动去学习知识、相互交流传递信息资源，这种学习方式比较持久，有利于学生的学习发展。泛在学习方式适合所有人，学习的方式也比较直接，能让我们在特定的环境下主动去满足自己的信息需求和求知欲。新媒体时代下，互联网技术高速发展，为泛在学习提供了众多技术手段和丰富的学习资源。大学生只要有学习欲望，每个人利用新媒体工具获取学习资源，可以随时随地利用信息技术搜索、查找信息。其中泛在学习理论主张发挥学生的主观能动性，满足自己的信息需求，这与大学生信息素养的培养理念不谋而合，为大学生信息素养的培养提供理论支撑。

三、新媒体环境下信息素养评价指标体系

新媒体环境下，日新月异的科学技术使信息传播手段多样化，高校大学生信息素养则要有更高的要求来适应信息社会的发展，这也意味着构建新媒体环境下信息素养指标体系势在必行。

新媒体环境下，信息的大容量传播已经对当代大学生信息素养产生了巨大冲击。大学生在信息化浪潮中必须要有敏锐的信息意识，掌握足够的专业知识提升自己的技能，这样才能提升自己竞争力。因此，结合新媒体的传播特征，把信息交流、信息评价、信息创造、信息运用综合为信息能力，形成了新媒体环境下评价大学生信息素养水平的四个构成要素，分别是信息意识、信息知识、信息能力以及信息道德。可以把这四个构成要素概括为以“观念”为核心的信息意识、以“创新”为核心的信息知识、以“融合”为核心的信息能力和以“伦理”为核心的信息道德。

信息意识是大学生信息素养的前提。新媒体环境下，它是指大学生能够利用新媒体较好地满足自己的信息需求，能判断信息的真假，以及对信息敏感与反应程度。信息意识具体包括信息关注意识、信息表达意识、信息获取意识，即大学生对信息有足够的敏感度、能准确找到信息源、清晰表达自己的信息需求、有意识的获取所需要的信息，利用信息和现代教育技术手段解决生活和学习问题。

信息知识是大学生信息素养的基础。新媒体环境下，大学生信息知识指大学生能运用新媒体工具独立完成相关信息活动所具备的知识，包括对信息的获取、分析、处理工作。信息知识主要涉及网络信息基础知识、计算机基础知识和外语知识。其中网络信息基础知识是指熟练掌握信息检索相关知识和信息源；计算机基础知识是指计算机工作原理、修理和维护知识和信息技术知识（Word、PPT、Excel 的操作和运用）；外语知识则是精读外文文献的基本读写翻译知识，掌握这些知识能让我们扩大信息视野，丰富自己的学习内容。

信息能力是大学生信息素养的保证，更是信息素养的核心部分。新媒体环境下的信息能力是指大学生能够借助新媒体工具处理、评价、融合信息的一种能力，主

要由信息获取能力、信息利用能力、信息处理能力、信息评价能力、信息融合能力组成。信息获取能力是借助新媒体对信息资源的查找、收集能力；信息利用能力主要是利用新媒体信息技术解决实际问题；信息处理能力指面对繁琐的信息，能够做到对信息的分类分工、编辑加工处理能力；信息评价能力要求用户能对信息做出辨别、评估；信息融合能力是用户整合信息为自己所用，实现信息的再创造。

信息道德是大学生信息素养的底线。随着新媒体的迅速发展，发达的网络是把“双刃剑”，网络信息鱼龙混杂，存在许多陷阱和安全漏洞。在复杂多变的网络环境下，要求大学生要保护个人信息隐私、抵制不良信息、提高网络信息安全意识，同时要遵守国家的法律法规、恪守学术规范、承担社会责任，兜住我们的道德底线。所以信息道德层面的内容主要包括信息安全和信息伦理，信息安全是防止个人隐私不被泄露，有安全保护的意识。信息伦理具体是指社会法律意识和社会责任意识，即遵守国家的法律法规、恪守学术规范、承担社会责任。

第二节　新媒体环境下大学生信息素养提升的机遇及挑战

一、新媒体环境下大学生信息素养培养的机遇

近年来，各类新媒体迅速崛起，大学生获取信息的渠道不受时间和空间限制，信息需求也可以通过各大媒体平台得到满足，这为大学生信息素养的培养带来很大的机遇。

（一）新媒体丰富了大学生信息素养培养的载体

在传统媒体时代，高校教师一直是培养大学生信息素养水平的主体，起着不可替代的作用。随着新媒体的普及与发展，大学生信息素养培养的方式逐渐多样化，新媒体丰富了信息素养培养的载体。而传统媒体的传播方式是“一对多”，并且在时空上传播的内容有限。新媒体的出现改变了传统信息素养教育以信息类教师为主体的现象，让信息素养教育真正走向社会，得到全社会的关注。以手机、互联网、

电脑为代表的新媒体不单单是大学生信息交流的工具，也是学习的辅助平台。大学生只要有手机等移动媒体终端，就可以在任何时间、地点及时发布和接受信息，这会激发大学生学习的兴趣。新媒体具有海量性、交互性、虚拟性、个性化的特征，大学生可以利用移动新媒体的浏览、下载和上传等功能，实现大学生信息素养的线上学习和平台互动。如高校借助 MOOC、微信群开展大学生信息素养教育，通过视听结合的方式，吸引大学生的注意，大大提高了大学生信息素养培养的效率。

（二）新媒体改变了大学生信息素养的教育方式

很多高校大学生信息素养培养的方式几乎都是新生入馆教育、信息检索课、计算机基础课、开展专题讲座等方式，这些教学形式单一，让学生觉得枯燥无味，很容易让学生丧失对信息素养教育内容的兴趣。而且在传统课堂，大学生信息素养的培养主要以课堂教学为主要活动，老师讲解为主，学生被动接受知识。而新媒体的出现改变了大学生信息素养培养的方式，不再以传统课堂“内容为王”“满堂灌”的方式为主，而是更加依赖新媒体平台对大学生信息素养进行培养。新媒体影响下，每个人都是信息素养教育的主体，学生通过新媒体平台掌握了足够的学习主动权和话语权，随时随地利用碎片化学习接受信息素养教育。如今，高校也充分利用微信、手机、短视频等线上方式和线下授课的方式结合，共同发力培养大学生信息素养水平。通过线上线下平台的师生互动，实现了信息素养教育的效果反馈，同时利用大数据收集学生的学习数据动态，关注大学生的信息需求，及时完善信息素养教育的教学内容和教育方式。

（三）新媒体拓宽了大学生多样获取信息的渠道

以报纸、杂志为代表的传统媒体受版面限制，使得我们获取的信息有限，获取信息的渠道也比较单一。新媒体借助互联网技术不断发展壮大，将分散、孤立的信息资源整合成有价值的社会资源，不断丰富相关信息内容。新媒体利用“互联网思维”，积极打造新媒体平台，体现用户至上的宗旨，加强信息的传播链，践行高效开放的理念，让大学生可以通过各个渠道获取信息。只要我们利用搜索引擎、轻触各类新媒体 APP，就能很容易浏览到自己所需要的信息，再也不用受时空的限制。比如高校的图书馆信息检索平台，学生不用跑去巨大的图书馆寻找自己要的书籍，只要在检索平台输入相关信息，就能准确找到书籍信息。又如“搜狐新闻”等新闻类APP会及时推送热点新闻，短视频、微直播等社交类媒体利用文字、图片、声音无时无刻给我们传递信息。同样的，我们日常用的微博、微信、QQ等社交工具也成为日常获取信息的渠道，新媒体无时无刻影响着生活，让生活多姿多彩。

二、新媒体环境下大学生信息素养培养面临的挑战

新媒体以其鲜明的特征给大学生信息素养培养带来机遇的同时，也给大学生信息素养带来很大的挑战，需要引起我们的警觉。

（一）新媒体弱化了大学生辨别信息的能力

信息趋向网络化，大学生凭借互联网可随时随地获取信息。互联网的便捷性让学生越来越依赖它，无形中网络就成为学生的“随身物”。互联网技术的发展使网络信息铺天盖地，已经超过了我们所能承受的范围，信息过多会迷失方向，对于获取的信息无从抉择。而互联网技术的发展主要以新媒体为主，极大弱化了大学生辨别信息的能力，主要原因如下：一方面，网络信息泛滥，那些信息的来源、可靠性、真实性无从得知，防范意识弱的学生就容易掉入别人的信息陷阱和信息诈骗中。另一方面，网络信息污染，产生大量的色情、暴力等有害信息，极大危害着学生的心理健康。最后，科技手段的进步也让一些不法分子利用现代信息技术盗窃、非法入侵他人网站进行犯罪活动，无视信息道德底线，用五花八门的信息欺骗大学生。虽然大学生通过新媒体渠道获得海量信息，但很多学生无法提炼出有用的信息，更不用说处理、加工信息。花费大量时间搜索却不能挖掘出信息的潜在价值，说明学生有效利用信息的效率低下，这无疑是新媒体时代大学生信息素养面临的重大难题。

（二）新媒体提高了信息素养教育工作者的能力要求

新媒体是依托互联网技术而兴起的一种新型媒介，它对大学生信息素养教育工作者的新媒体使用能力带来严峻挑战。大学生永远跟随时代的潮流，始终是新媒体的忠实用户，拥有对新媒体的好奇心和新鲜感，遇到不懂的问题会主动去学习、探

索。而高校传统的信息素养教育工作者不一样，一方面，虽然他们学富五车，看过的书籍浩如烟海，教学经验也非常丰富，但他们并不擅长利用现代信息技术和现时的教学内容相结合。部分信息素养教育工作者还是坚持以前的教学方式，不喜欢用新媒体教学，甚至对新媒体一无所知，不愿意接触新鲜事物。显然，教师对新媒体的态度及在课堂使用新媒体的频率会对大学生的信息素养造成一定的影响。另一方面，高校信息素养教育课程设置单一、教学形式枯燥乏味，课堂教学内容和教学形式缺乏创新，导致大学生对信息素养教育缺乏兴趣，没有给予足够的重视，以致信息素养教育相对滞后。为此，如何激发大学生的学习热情，是新媒体环境下信息素养教育工作者必须思考的一个问题。这要求信息素养教育工作者要提高使用信息技术的能力，积极应对教学过程中带来的各种挑战。

（三）新媒体改变了大学生信息素养培养的生态环境

新媒体的出现，对人们的日常生活产生巨大影响，同时也改变了大学生信息素养教育的生态环境。高校承载着培养大学生信息素养能力的任务，随着新媒体的出现，培养方式不局限于课堂教学，渐渐转向“线上＋线下”这种教学方式，从而降低了传统课堂教学的吸引力。新媒体以其虚拟性、交互性、娱乐性，成为大学生群体喜闻乐见的学习工具。新媒体营造了一个虚拟文化空间，使得大学生可以匿名进行信息交流，通过大学生与新媒体的双向互动，大学生有更多的自主权去选择、参与信息交流，才能够真正得到网络舆论的体验，进而丰富自己的业余生活，增加娱乐性、趣味性。在与新媒体的接触和使用过程中，大学生不仅开阔了自己的视野，而且锻炼了自身的信息素养能力。换句话说，只要有网络，大学生就可以利用移动终端随时随地的进行碎片化学习，利用业余时间丰富自我。因此，大学生通过与网络媒体的充分互动，不仅提高了学习的趣味性，而且拥有很多的选择去参与自己喜欢的课程。更为重要的是，大学生可以在网上发表自己的看法和观点，打造活泼的网络环境，一定程度上改变了网络生态环境。

第三节　新媒体环境下大学生信息素养提升对策

一、营造新媒体环境下社会化信息学习环境

（一）动员全社会参与信息素养培育活动

大学生信息素质的培养，不仅是家庭、学校、大学生的事，更是全社会都关心的事。为此动员全社会参与信息素养培育活动，对于大学生信息素养的培养具有重大意义。一方面，要加大网络立法方面的力度，健全社会的网络法规。当下网络新媒体发展势头迅猛，很多电商平台片面追求经济利益，不顾社会效益，污染网络环境。所以政府要加大网络立法方面的力度，健全社会的网络法规。现如今，现实世界和网上的虚拟世界界限模糊，很多东西真假难辨，相关部门必须严惩扰乱网络秩序、不遵守法律法规的不法分子，给大学生提供文明和谐的网络环境。另一方面，要采取有效的措施加强网络新媒体信息资源的管理。网络新媒体信息鱼龙混杂，我们必须要用信息技术手段加强对我国所有骨干网、局域网和校园网的管理，规范运作，控制信息源头，防止有害信息的入侵。特别是一些不良网站和不良信息的传播问题，会给大学生的身心健康造成损害，必须予以打击。另外，政府还要加大对大学生信息素养教育的基础设施投入，大力引进和培养优秀科技人才，加强与教育部门和传媒企业合作，让全社会共同为提高大学生信息素养水平做贡献。

（二）强化新媒体平台的社会责任意识

在经济高度发达的今天，大学生在追求物质享受的同时，也追求精神的愉悦，主要表现在对网络新媒体的依赖越来越强。在信息技术的影响下，新媒体平台快速发展起来。各大媒介平台的商业化性质，使媒介信息越来越具有娱乐化倾向。而网络新媒体作为大学生获取信息的主要渠道，它不应该仅仅承担信息传播和娱乐功能，更应该肩负着教育大众、传承文化、弘扬社会主义核心价值观的重要任务。网络新

媒体应该强化自身的社会责任意识，与社会主义文化主旋律保持高度一致，积极弘扬优秀的传统文化及榜样人物精神，给大学生一个健康文明、积极进取、和谐友爱的网络环境。所以，新闻传播工作人员应该主动承担社会责任，把关好内容的发布，不让违背社会主义文化主旋律的内容任意散播在网上。此外，网络新媒体也应该提供信息素养相关内容给大学生学习，帮助他们扩大有关信息素养水平提升的知识面，如开设信息素养专栏、定期普及信息资源知识。

二、结合新媒体背景加强高校信息基础建设

（一）发挥新媒体的宣传优势，营造良好的校园信息化环境

新媒体数字技术手段拥有惊人的传播速度，可以让信息充斥整个网络。要想让学生沉浸在良好的信息环境中，就必须要发挥新媒体的宣传优势。新媒体具有传播时效快、范围广的特点，可以很高效地为学生提供信息。高校中的校园媒体在培养大学生信息素养中有着举足轻重的作用。首先，高校运用校园微博、校园微信、抖音、微视频等新媒体手段，普及信息相关法律法规、知识产权知识，倡导大学生规范自己的信息行为，尊重知识产权，真正做到知法、守法、懂法。其次，利用校园报刊、广播、电视平台精选电信诈骗案例，提高大学生的防骗意识。在校园信息公告栏张贴诈骗的危害，熟知风险。还可以邀请公安机关工作人员来校开展防诈骗讲座，校园广播每天播报时事信息，提高自己的信息道德水平。与此同时，高校也要联合现代教育技术中心去加固自己的信息防火墙，不让外来网络侵蚀我们的校园文化，为学生打造和谐、美丽的学习环境。最后，学校可以在官微发起“营造良好的校园信息化环境”的话题讨论，要求学生转发、点赞、建言献策，工作人员选择切实可行的举措去实施。只有学生共同参与、集思广益，体会到自己的主体地位，才能使校园的信息化学习氛围越来越好。

（二）开发新媒体资源共享平台，帮助学生树立信息意识

拥有良好的信息意识能保持对信息的敏感性，更好地从事信息活动。新媒体环境下，大学生不再是被动接受信息的主体，而是充分掌握了信息的话语权。开发新媒体资源共享平台，可以让大学生随时浏览信息，掌握前沿动态，树立良好的信息

意识。开发资源共享平台需要高校投入资金，吸引优秀人才建言献策，以期平台更好的为学生服务。为此，高校也应该更好的利用平台，积极帮助学生树立信息意识。第一，高校可以通过学院官方公众号、新媒体技术中心等平台及时发送时事政治、专业学习动态、毕业生招聘信息和学校的重要文件等内容，充分让学生利用碎片化的时间去提高自己的信息意识。第二，学校要培养新媒体技术人才，要保证平台的日常运作和维护。如果平台不能得到有效的管理和运用，不能物尽其用，也是对资源的一种浪费。平台在日常发布内容时，要关注时政热点，也可以发布一些学习内容。如发布相关专家来讲座、开展人工智能竞赛、举办 VR 大会等内容，让大学生根据自己的爱好去主动选择参与，利用这些信息去提高实践能力。第三，高校搭建资源共享平台需要校园基础设施的支撑，有了校园基础设施的支持才能让平台运行通畅，特别是要加强对校园网络的管理。定期检查校园网相关设施，保持网络的运营。建立校园网络防火墙抵制不良信息的迫害，加大校园网的宽带速度，为培养大学生信息素养提供设备保障。与此同时，利用好报刊、广播、信息专栏的作用，及时更新、张贴内容，让大学生在浓郁的信息氛围中学习。

（三）利用新媒体开展多种教育形式，健全信息素养培养的课程体系

通过被访谈者了解到，很多高校都设置信息检索课、计算机基础课和大学英语课程，就是为了能够更好地让学生掌握知识，为提升信息素养水平打下坚实的基础。他们声称，现在高校规定的这些课程都是必修课，但是教学形式比较单一，学习的知识比较浅显，很难满足他们的学习需求。大多数课程都以传统课堂讲授为主，这种满堂灌的方式容易让他们丧失对课堂的学习兴趣。鉴于此，高校可以利用新媒体开展多种教学形式，健全信息素养培养的课程体系。首先，高校可以借助新媒体开设“线上 + 线下”的课程教学模式。教师可以把课程内容将进行分块教学，一方面在线下通过教师教授检索知识，可以进行录课以备学生后续学习，另一方面鼓励大学生使用手机、电脑等信息设备同步学习，巩固知识。线上开设关于信息素养的 MOOC 课程，安排线上课程的课后答疑、讨论交流环节，鼓励学生参与和老师的线上互动，从师生互动中加强信息素养课程的认识和兴趣。其次，尊重学生学习的主体地位，进行自我教育。现在是自我学习的时代，不再是单向传输信息的社会，而是双向互动的信息社会。要让学生利用新媒体平台积极参与学习，把课堂的知识转

化为实践，真正做到自我教育。最后，注重外语对信息素养培养的作用。很多毕业班的访谈者都说到自己的外文知识早已忘得一干二净，为了完成自己的毕业论文需要外文文献的支撑，但是读起来却很吃力。学好外语不仅可以快速阅读外文文献，还能跟国际友人进行日常交流，益于身心健康，还开启了我们学习的新大门。因此，高校可以加大开设多种类的外文课程，也可以双语教学来丰富我们的课程体系，让学生能真正学以致用。

（四）打造新媒体信息素养教育专题，提高大学生的信息能力

新媒体环境下，大学生拥有良好的信息能力是培养信息素养的核心部分，信息能力直接关系到大学生能否获取、处理、评价信息，高校必须给予高度重视。打造新媒体信息素养教育专题就是为了提高学生的信息能力，需要多方发力，做好顶层设计。第一，高校要结合学生的实际情况，制定本土化的信息素养评价指标体系。依据新媒体环境下大学生需要掌握的技能，从源头上发力，构建标准培养信息化人才。与此同时，高校也可以借鉴国内外相关经验，对大学生信息素养教育有个整体的把控和认知，才能采取有针对性的措施提升能力。第二，高校结合专业特点，把专业培养与信息素养教育相结合。国内很多高校都把信息素养教育按“炒大锅饭”方式教学，并未分专业、分层级进行培养。把专业培养与信息素养教育相结合，让学生根据自己的专业特长去选择科研任务，锻炼大学生的动手能力。第三，实施差异化的年级培养方式。不同年级和专业的大学生，所学的课程和身心发展规律都不同，能接受的知识程度也不太一样。那么这就要深入了解不同年级学生的特点，因材施教，才能真正做到术业有专攻。大一、大二学生可以先培养对信息的认识与判断，掌握基础的信息知识，让他们有一个清晰的认知。即将面临毕业的大三、大四学生，更需要的是对信息的利用、处理能力。可以浏览 BOSS、智联、前程无忧等招聘网站信息，解决自己的就业问题。也可以通过中国知网查阅文献去完成自己的毕业设计，这都体现信息技能。另外，在完成毕业论文之际，也要遵守信息道德，合理合法使用信息。

（五）借助新媒体加大对教师的信息技术培训，提升教师的信息素养水平

新媒体时代的到来，信息技术更迭加快，改变了教师和学生交流和传递信息的

方式，进而也对教育工作者提出更高的要求。信息技术教师要与时俱进，不断学习，才能为课堂提供更高效的教学服务。信息素养水平高的老师才能培育出出类拔萃的大学生，打造优秀的教师队伍势在必行。首先，教育工作者必须要转变教学观念、关注最新行业动态、学习计算机操作技能和一些工具软件的使用，丰富自己的教学手段，利用新媒体为教学服务，为提升大学生的信息素养水平提供保障。其次，高校利用新媒体加大对教师的信息技术培训，也可制定专门的教学绩效考核指标，保证教学质量，进而提升教师的信息素养水平。高校可以定期组织专家对教师进行ICT培训，并颁发一定的证书，或者外派ICT老师外出学习教学。与此同时，当今信息化教学越来越普遍，学生也更喜欢这种教学方式。教师要顺应新媒体发展潮流，自觉加强ICT知识学习，提高外语水平和计算机水平适应教学需要。最后，强化高校教师的信息道德教育。老师是学生的表率，应当以身作则，不触碰道德底线，坚决抵制学术不端行为。引导学生约束自己的信息行为，不做违反法律的事。学校可以对教师进行信息道德思想培训，从思想上去重视该教育，再把熠熠生辉的道德传授给学生，让学生自觉去遵循。

（六）加大图书馆信息化建设，提高馆藏资源的利用率

高校是培养大学生信息素养的重要基地，拥有丰富的教育资源，有浩瀚的图书和学术科研资料。图书馆在培养大学生信息素养过程中拥有举足轻重的地位，其作用不容忽视。高校要充分利用馆藏资源，不断加强专业知识的学习，提升自己的信息素养水平。大学生普遍认为自己学校图书馆馆藏丰富，由于信息检索设备不够先进，网络比较缓慢，信息化建设不够完善，会出现搜索不出书籍的情况。还有同学反映图书馆的电子阅览室和媒体学习室利用不足，有时候存在不开放的情况。可见，高校对图书馆的建设和利用并没有很充分，这就需要把它的教育作用摆在突出位置。第一，加大高校图书馆信息化建设，利用大数据建立数字化图书馆，提高图书馆网络服务性能，更新信息检索设备，提高图书馆的资源利用效率，让图书馆的资源真正惠及学生。第二，加强图书馆的新生入馆教育，提高信息素养的认识。图书馆可以开展多种形式的入馆教育，比如开展信息素养相关讲座与培训，利用VR技术开展图书馆虚拟导游，让学生知道图书馆的基础设施和现有的数字资源。第三，图书馆馆员应加强信息技术老师的沟通与交流，和学校商议后，因时而变开设合理的信

息检索课程，利用新媒体建立新型信息素养教育模式。除此之外，也可以借鉴其他院校的培养方式，加强交流，学习他们的成功经验，共同进步。

三、发挥新媒体环境下家庭教育的引导作用

（一）树立正确的网络态度，建立和谐健康的家庭信息环境

社会学习是行为、认知和环境三者之间动态交互作用的过程，是彼此联结、交互决定的结果，可见大学生的信息素养会受到家庭环境的影响。调查结果显示，大部分家长对网络的态度持排斥态度。认为孩子用手机、电脑、iPad 等新媒体工具上网会给孩子学习带来很多不好的影响，容易沉迷网络游戏无心学习。二是网络上的负面新闻影响孩子的身心健康，网络上很多黄色暴力新闻侵蚀孩子的思想和心灵，由于大学生没有什么社会经验，很容易受到非法网络份子的诱骗。在新媒体环境下，大学生提高信息素养水平，家长需要树立正确的网络态度，建立和谐健康的家庭信息环境。家长可以从以下几个方面进行尝试：首先，家长要转变对网络 ICT（信息技术与通信技术相融合而形成的一个新的概念和新的技术领域）的态度，在新媒体环境下要重新审视网络及信息技术带给我们的积极影响，不要觉得孩子上网时间多就会影响学习。只要家长积极引导孩子上网，给孩子传递积极的上网理念，建立和谐健康的家庭信息环境，孩子的信息素养水平就会有一定的提高。其次，父母要提高自身信息素养水平，保持对新媒体的学习兴趣与热情，通过新媒体不断学习信息知识，构建自己的知识体系，提高信息技能，充分给予孩子信息技术上的指导。最后，家长应重视家庭信息化氛围的营造。显而易见的是，可以使用手机、电脑等信息设备的学生会有更高的信息需求，会主动去学习信息技能，能学会更多课堂之外的知识。为此，经济条件相对较差的家长可以带孩子去感受信息文化，激发对信息技术的兴趣。

（二）加大 ICT 的支持力度，增强大学生使用 ICT 的信心

家长对孩子的 ICT 支持力度并不强，其实家长对学生 ICT 活动的支持是有促进作用的。因此父母应该加大对孩子 ICT 的支持力度，增强大学生使用 ICT 的信心，进而提高他们的信息素养水平，具体可以从以下几个方面入手：第一，家长要对世

界有个正确的认知，带领孩子正确看待自己的行为，正确审视ICT工具给孩子带来的影响，尽可能给予孩子ICT的支持。家长可以主动学习使用新媒体工具，给孩子传达使用ICT工具的积极观念。第二，建立有效的家庭网络生活规范，家庭网络生活规范有利于约束父母与孩子之间网络行为，为了防止孩子过度沉溺于网络。父母规定孩子在合理的时间使用ICT设备及智能媒介，学会和孩子沟通、倾听他们的信息需求，并引导他们学会辨别不良信息，增强他们的信息道德认知。第三，家长应积极和孩子参加ICT相关活动，构建和谐的亲子关系。充分利用业余时间多去接触新媒体相关活动，浏览信息技术相关网站，参加信息技术培训，加强孩子的信息交流，增强孩子使用ICT的信心。

四、提高大学生在信息素养培养中的能动性

（一）增强大学生对信息的批判性思维和独立思考能力

新媒体的出现使信息迅猛发展，需要拥有批判性思维和独立思考能力去辨别和使用信息。大学生批判性思维和独立思考能力对于高素质人才的培养起着关键作用。从大学生信息素养水平题项指标来看，大学生的信息表达、信息获取、信息融合、信息评价方面比较薄弱。被访谈者声称，自己在课堂上回答老师问题，信息表达不完整，对一个问题的看法表达不全面，独立思考问题方面能力不够。完成老师的期末论文时，只是把所需要的信息进行简单的堆砌与罗列，对信息的分析和整理能力不足。这说明提高大学生对信息的批判性思维和独立思考能力势在必行，主要由以下几点建议：第一，培养老师和大学生的问题意识。只要老师善于发现和思考问题，积极引导学生挖掘自己的问题意识。在平时学习和生活中，多去观察、实践，理论与实际相结合，用问题意识去看待世界，学生才能发现问题，根据自己的思考观察提出自己的见解，再去实践解决问题。第二，大学生应积极参加社团活动及课题调研活动，比如演讲比赛，辩论赛等思维竞赛类活动。特别是课题调研活动，大学生可以从中学到如何获取信息和整理数据的能力，以及人际沟通技巧。第三，创设问题情境，培养学生独立思考的能力。教授学生要有求知欲和探索精神，善于在情境中发现问题，独立思考解决问题。大学生可以积极参与课堂学习，独立思考对某件事或信息的评价与分析，独立完成信息的搜寻和获取过程，锻炼自主学习的能力，

在此过程中提高自己的信息素养水平。

（二）激发大学生对ICT的学习兴趣和主动性

提高大学生自身的信息素养，需要他们发挥学习的主观能动性，激发他们对ICT信息技术的兴趣，提升自身的信息综合素养。因此大学生可以从以下几个方面着手：第一，发挥学生的主观能动性，增强其自主学习的能力。可以说，主观能动性是学生学习的内在动力，对提高自身信息素养具有主导作用。新媒体技术日新月异，大学生更要树立正确的学习观，树立终生学习的意识，不断用信息知识武装自己，提高自己的信息综合素质，这样才不会被社会淘汰。第二，培养学生应用新媒体ICT的兴趣，学生自觉加强使用新媒体ICT的频率。只有当学生对新媒体技术感兴趣时，他们才会主动学习相关知识与技能。第三，高校可举办各种信息素养竞赛，锻炼他们的信息能力，激发他们对信息技术的兴趣。比如邀请ICT相关专家来校讲学、开座谈会，亦或举办ICT演讲比赛、ICT征文评选以及开设ICT专栏来培养大学生对ICT的兴趣。

（三）树立正确的信息观，规范自身网络信息行为

大学生在浩瀚的信息中提高信息素养水平，需要有正确的信息观，约束自身的信息行为。有以下几点可以注意：首先，要有正确的人生导向和认知，明辨是非。新媒体大环境下，大学生唯有正确的三观，才能屹立在信息社会之巅。大学生要多向优秀人物、榜样人物学习，用他们的优秀精神激励我们前进的道路，树立正确的人生品格，增强抵御不良信息的能力。其次，激发创新潜能。青年有干劲，学习能力强，创新潜能大。在终生学习的社会，大学生要学习丰富的知识，也要用知识去创造价值。大学生需要学以致用，在平时多去参加科研活动，在调研的过程中学到更多的知识，整合信息实现更大的价值。在从事科研活动过程中，大学生要学会主动寻找自己想要的信息，会去思考、消化信息，进而创造出更有利的信息价值，激发自身的创新潜能。最后增强自我约束能力。面对新媒体的冲击，各种各样的信息扑面而来。如今很多大学生陷入电信诈骗中，失去辨别信息的能力，再加上自控力也很差，极易掉入别人的陷阱中。这要求大学生增强自我约束能力和自控力，磨练坚强的信息意志，培养高尚的信息品格。

参考文献

[1] 刘于辉，罗瑜. 信息素养［M］. 北京：北京理工大学出版社，2020.08.

[2] 蒋南. 大学生信息素养能力与教育探索［M］. 延吉：延边大学出版社，2020.04.

[3] 张倩苇. 信息素养开启学术研究之门［M］. 北京：北京理工大学出版社，2020.12.

[4] 刘敏. 科学数据素养教育［M］. 镇江：江苏大学出版社，2020.06.

[5] 王毅. 信息检索［M］. 北京：北京邮电大学出版社，2020.04.

[6] 王玉香. 信息检索与利用［M］. 沈阳：东北大学出版社，2020.06.

[7] 罗源. 大学生信息素养教程［M］. 北京：光明日报出版社，2019.03.

[8] 康桂英. 大数据时代大学生信息素养与科研创新［M］. 北京：北京理工大学出版社，2019.09.

[9] 张韫. 教师信息技术素养修炼指南［M］. 上海：上海教育出版社，2019.10.

[10] 邱桂香. 基于学科核心素养的信息技术教学实践研究［M］. 沈阳：东北大学出版社，2019.08.

[11] 刘宏，张丽. 大学信息技术应用［M］. 西安：西北大学出版社，2019.08.

[12] 胡燕. 高校信息素养研究［M］. 武汉：武汉大学出版社，2018.12.

[13] 汪宏伟. 计算机应用基础及信息安全素养［M］. 南京：河海大学出版社，2018.02.

[14] 顾富民. 信息化环境下学生学习素养研究［M］. 成都：电子科技大学出版社，2018.07.

[15] 靳玉乐，张铭凯. 核心素养及其培育［M］. 南京：江苏人民出版社，2018.04.

[16] 樊瑜主编，武宗锋. 现代信息检索与利用［M］. 武汉：华中科技大学出版社，2018.03.

[17] 董芝，洪戎. 大学生综合素养教程［M］. 石家庄：河北科学技术出版社，2018.02.

[18] 韩冬，傅兵. 信息素养教育论［M］. 北京：北京理工大学出版社，2017.03.

[19] 刘芳，朱沙. 大学生信息素养与创新教育［M］. 武汉：华中科技大学出版社，2017.06.

[20] 陈晓红. 大数据时代的信息素养教育理论与实践 [M]. 成都：西南交通大学出版社，2017.08.

[21] 张舒予. 视觉文化与媒介素养研究手册 [M]. 中国广播影视出版社，2017.07.

[22] 南长森，屈雅利. 媒介素养教程 [M]. 西安：陕西师范大学出版社，2017.05.

[23] 李贵成，张金刚. 信息素养与信息检索教程 [M]. 武汉：华中科技大学出版社，2016.02.

[24] 徐建林. 民族高校信息素养模式研究 [M]. 成都：西南交通大学出版社，2016.07.

[25] 沈思，王晓文. 信息获取与利用研究 [M]. 西安：陕西科学技术出版社，2016.09.

[26] 王群. 信息伦理研究 [M]. 成都：电子科技大学出版社，2016.09.

[27] 钟新春，赵世华. 信息服务发展创新 [M]. 北京：北京邮电大学出版社，2016.06.

[28] 吴淑芳. 21 世纪大学教育与学生创新素养发展新思维 [M]. 西安：陕西人民出版社，2016.09.

[29] 唐伦刚，储冬红. 大学生信息素养教育 [M]. 武汉：华中科技大学出版社，2015.01.

[30] 毕宏，陈怡冰. 大学生信息素养教程 [M]. 大连：大连海事大学出版社，2015.09.